하나님의

설복

일러두기

● 이 책은 《하나님의 설복》(1984)의 전면 개정판입니다.
● 이 책에서는 개역개정판 성경을 인용하였습니다.

하나님의 설복

2019년 11월 11일 초판 1쇄 발행
2022년 4월 15일 초판 2쇄 발행

지은이 박영선
기획 강선, 윤철규
편집 문선형, 정유진
디자인 잔
제작 강동현
경영지원 김내리
펴낸이 최태준
펴낸곳 무근검
주소 서울특별시 송파구 올림픽로 4길 17, A동 301호
홈페이지 www.facebook.com/lampbooks **이메일** book@lamp.or.kr **전화** 02-420-3155
등록 2014. 2. 21. 제2014-000020호
ISBN 979-11-87506-37-9 (03230)

이 도서의 국립중앙도서관 출판시도서목록(CIP)은 서지정보유통지원시스템
홈페이지(http://seoji.nl.go.kr)와 국가자료공동목록시스템(http://www.nl.go.kr/kolisnet)에서
이용하실 수 있습니다. (CIP제어번호 : CIP2019042399)

무근검은 남포교회출판부의 새로운 이름입니다.
무근검은 '하나님의 영광은 무겁고 오래된 칼과 같다'라는 뜻입니다.

하나님의
설복

박영선 지음

서문

기독교 신앙은 신비 그 자체입니다. 창조주가 권력을 휘둘러 우리를 억누르지 않습니다. 오히려 우리를 사랑하사 은혜를 베푸셔서 우리의 항복을 받아 내시며 기쁨을 주십니다. 이 사실이 믿기지 않아서, 우리의 이해와 달라서, 그렇게 마구 질문을 던졌던 것이 이 책을 만든 동기였습니다. 그렇게 출발한 걸음이 이제 성육신과 믿음이 만드는 자유와 책임을 이해하는 데까지 이르러 《다시 보는 로마서》를 쓸 수 있었습니다.

《하나님의 설복》은 지금도 우리의 관심과 성경의 관점을 비교하게 하는 길잡이가 될 수 있으리라 생각합니다. 기독교 신앙의 핵심 단어는 믿음과 사랑입니다. 이 둘은 인격과 인격의 관계 속에서 이해되는 것이지, 명분이나 규칙일 수 없습니다. 어느 쪽으로 나아가느냐에 따라 신앙은 따뜻한 인간을 만들 수도, 무정한 심판관을 만들 수도 있습니다. 부디 하나님의 자녀 된 기쁨과 자랑이 풍성한 일생이 되길 기원합니다.

2019. 10.

박영선

1장 \ 복음의 필요성

복음에 대한 이해

로마서 1장은 복음에 관하여 언급합니다. 로마서 1장에서 사도 바울이 복음에 대해 이야기하는 시각과 논리적 전개는 그동안 우리가 알던 복음의 내용을 더욱 풍성하게 해 줍니다. 먼저 우리가 이해하는 복음의 내용과 사도 바울이 말하는 복음의 내용에 어떤 차이가 있는지 살펴보면서 복음에 대해 설명하겠습니다.

로마서 1장 16절에서 '내가 복음을 부끄러워하지 아니하노니 이 복음은 모든 믿는 자에게 구원을 주시는 하나님의 능력이 됨이라'라고 합니다. 사도 바울이 '나는 복음을 부끄러워하지 않는다'라고 선언합니다. 이 말은 '나는 복음이 자랑스럽다'라는 말의 소극적 표현입니다.

우리는 보통 로마서 1장 17절에 나온 "복음에는 하나님의 의가 나타나서 믿음으로 믿음에 이르게 하나니 기록된 바 오직 의인은 믿음으로 말미암아 살리라 함과 같으니라"라는 말씀이 복음을 정의한다고 생각합니다. 그런데 사도 바울은 16절에서 복음에 대한 자신의 입장, 즉 복음은 하나님의 능력이기에 자랑스럽게 여긴다는 마음을 먼저 밝히고 17절에서 그에 따른 설명을 합니다. 사도 바울은 그리스도의 복음에 관해 설명하면서 '믿으면 구원을 얻는다' 또는 '우리는 모두 죄인이라서 예수를 믿지 않으면 지옥에 간다' 하는 식의 이야기부터 하지 않고 '복음이 자랑스럽다'라는 이야기로 시작합니다.

이는 사도 바울과 우리가 복음에 대해 생각할 때 그 사고의 순서가 상당히 다름을 보여 줍니다. 사도 바울의 안내에 따르면, 17절 말씀에서 하나님의 의가 나타났다는 사실이 듣는 이에게 무슨 상관인지를 먼저 생각하게 합니다.

사도 바울은 복음에 관해 이야기할 때 언제나 그 처음을 '자랑스럽다'로 시작합니다. 누군가 무엇이 자랑스럽다고 말하는 것은 다른 사람들에게 없는 것을 가졌기 때문입니다. 복음을 왜 자랑스러워하는지, 그 배경이 18절에 나옵니다. "하나님의 진노가 불의로 진리를 막는 사람들의 모든 경건하지 않음과 불의에 대하여 하늘로부터 나타나나니." 복음을 자랑스러워하는 배경에 '하나님의 진노'가 전제됩니다. 구원받지 못한 자들은 하나님의 진노 아래 죽을 수밖에 없다고 합니다. 믿지 않으면 지옥에 가기 때문에 그 해결책으로 하나님의 의를 제시합니다. 즉, 사도 바울은 17절에서 말하듯, 하나님의 의와 믿음으로 구원 얻은 자가 받을 복을 알기에 복음을 자랑스러워하는 것입니다.

죄에 대한 이해

오늘날은 어떻습니까? 오늘날 기독교에서는 신앙에서 가장 경각심을 가져야 할 부분인 죄, 저주, 심판에 관하여 이야기하기보다는 복에 대해 이야기하기를 더 좋아합니다.

'예수를 믿으십시오'라고 말했을 때 상대가 '도대체 내가 예수를 믿어야 하는 이유가 무엇입니까?'라고 되묻는다면 어떻게 대답하겠습니까? '믿지 않으면 지옥에 갑니다'라고 답하십니까, 아니면 '믿으면 복을 받습니다'라고 답하십니까?

언젠가 신자들에게 이런 질문을 받은 적이 있습니다. "제가 아는 분이 단지 지옥에 갈까 봐 무서워서 예수님을 믿는다고 하기에 저는 상당히 놀랐습니다. 그렇게 믿어서야 되겠습니까?" 이런 질문을 받으면 어떻게 답합니까? 지옥에 가기 무서워서 예수를 믿는다면, 몇 점을 주어야 합니까? 저는 적어도 70점 이상 주어야 한다고 생각합니다. 사람들은 성경이 지적하는 '우리가 저주 아래 있다. 우리가 죄인이다'라는 말을 무척이나 싫어합니다. '죄, 지옥, 저주 …' 이런 이야기를 싫어하고 '천국, 영광, 책임, 사명, 수준 …' 이런 말을 좋아합니다. 지옥 때문에 예수를 믿지 말고, 사명과 영광을 위하여 예수를 믿자고 말합니다. 왜 그럴

까요?

바로 자존심 때문입니다. 기껏 지옥이 무서워서 믿는 정도밖에 안 되는 기독교 말고, 좀 더 괜찮아 보이고 적극적인 구실을 만들자는 것입니다. 그러나 하나님 앞에서 이보다 잘못된 생각은 없습니다. 이것이 바로 죄의 모습이기 때문입니다.

죄란 하나님 앞에서 자존심을 내세우는 것입니다. 이 말은 하나님으로부터 독립하여 자기 뜻대로 사는 삶을 의미합니다. 하나님이 싫어하셔서 죄를 안 짓는 경우와 하나님에게 벌을 받을까 봐 죄를 안 짓는 경우 중에 우리는 어느 쪽입니까?

사람은 처음부터 하나님이 싫어하신다는 생각으로 죄를 안 짓는 수준에 이르지 못합니다. 인간은 본성적으로 죄를 좋아할수밖에 없습니다. 하나님은 우리로 죄짓지 않게 만드시려고 처음에는 우리를 때리십니다. 우리가 하나님 마음을 헤아려 알고 죄를 멀리하게 되는 수준에 오르는 것은 시간이 훨씬 지나서입니다. 하나님으로부터 받는 연단으로 이제 알 만큼 알기 때문에 죄를 못 짓게 되는 것입니다.

그럼에도 불구하고 대부분의 신자는 처음부터 하나님이 싫어하실까 봐 죄를 짓지 않는다고 생각합니다. 자존심 때문입니다. 하나님 앞에서조차 떳떳하고 싶어 합니다. 회개할 것 없고 부끄러워 할 것 없이, 보란 듯이 하나님 앞에 선물을 들고 가고 싶은 마음입니다. 이것은 기독교도 신앙도 아닙니다. 오히려 죄입니다.

우리는 신앙에 대해 무엇을 보여 줘야 하는 것으로 인식하는데, 이 또한 하나님 앞에서 자존심을 세우기 때문입니다. 하나님 앞에서 '저는 지옥 갈 죄인인데 구해 주십시오. 불쌍히 여겨 주십시오'라고 하며 매달리는 것이 아니라 하나님 앞에 더 많은 선물을 싸 들고 가서 자랑하고 싶어 합니다. 이는 자기 자존심을 내세우기 위한 일에 불과합니다. 이만큼 죄를 잘 감추는 것이 없습니다. 이는 자신이 하나님 앞에 일대일로 떳떳하게 설 수 있다는 마음에서 비롯된 생각이기 때문입니다. 즉, 하나님 없이도 살아갈 수 있다는 것입니다.

죄란 도덕성과 윤리성의 측면에서만 나타나지 않습니다. 죄에도 여러 단계가 있어서 상당히 교묘한 죄는 천사의 모습으로 나타납니다. 마태복음 5, 6장에서는 하나님을 향하는 구제, 기도, 금식조차 하나님과 관계없이 사람에게 보이려고 행해질 수 있음을 지적합니다. 죄에 대해 올바로 이해해야 합니다. 모든 인간은 하나님의 진노 아래 있기에 하나님 앞에 '살려 주십시오'라는 아우성을 칠 수 밖에 없는 입장임을 알아야 합니다.

인간이 이런 처지임을 인식하지 못하면 사도 바울이 '나는 복음이 자랑스럽다'라고 한 말의 뜻을 이해할 수 없습니다. 이 말은 죄로 인해 절망뿐인 인간의 처지에 결정적인 해결책이 있다는 이야기로 이어지기 때문입니다. 그것이 이 해결책을 갖지 못한 사람들 앞에서 '복음이 자랑스럽다'라고 말할 수 있는 이유입니다.

예수를 알고 하나님을 아버지라고 부른다는 사실만으로, 죽을 때까지 살라고 하면 살 수 있습니까? 삼수, 사수를 하고 대학 문전에도 못 가고, 모의고사를 보면 낮은 점수를 받아 오고 그래도 하나님만으로 만족할 수 있습니까? 온몸에 종기가 나고 움막집에 살면서도 하나님의 자녀라는 사실로만 만족할 수 있습니까? 만족하지 못하는 공통적인 이유는 구원 얻기 이전의 상태에 대하여 깨닫지 못해서입니다. 죄인이라는 말이 얼마나 끔찍한 존재인지를 성경이 말하는 만큼 정확히 알지 못하기 때문입니다.

성경 어디에나 죄에 대한 이야기가 더 이상 처참할 수 없을 정도로 기록되어 있습니다. 그 대표적인 내용이 십자가 사건입니다. 예수 그리스도, 곧 하나님이 처참한 꼴을 당하시면서 죽으셔야 했습니다. 십자가 사건에 대하여 간단하게 생각하지 마십시오. 하나님이 오셔서 우리 죄를 위하여 십자가를 지기로 하셨는데도 불구하고 인간들은 눈이 멀어서 예수님을 알아보지 못했다고 단순하게 생각하지 마십시오. 하나님 자신이 바로 그 괄시받는 길을 요구하셨다는 사실을 알아야 합니다.

왜 그래야 했습니까? 이것이 하나님이 죄를 처리하시는 방법이기 때문입니다. 예수님이 받으신 오해와 경멸과 비참함과 육체적 아픔과 영적 고통에 대한 부르짖음에 대하여, '예수님도 그러한 아픔을 당하셨구나'라는 슬픔을 느끼기보다 '하나님이 죄에 대하여 이만큼 철저하게 이를 갈고 계시는구나'라고 바꾸어 생각해야 합니다. 하나님이 죄인을 채찍으로 때리고 죄인에게 홍포를 입히고 가시관을 씌우고 온갖 지독한 고문을 하신다는 사실을 알아야 합니다. 예수님의 십자가 고통에 대하여 단순히 감정적으로 생각하지 마십시오.

예수를 믿는 사람이 얻는 복을 확인하려면 예수를 믿지 않는 사람의 상태에 대한 성경적 이해가 필요합니다. 그것을 깊이 이해하면 예수를 믿게 된 사실 하나로 감사하는 삶을 살 수 있습니다. 예수 믿는 사람이 얻는 복은 세상이 우리를 할퀴고 환난에 처하게 하는 것과 비교할 수 없습니다. 이 대목에 대해서는 아무리 강조해도 부족합니다. 우리는 이 사실을 늘 확인하고 명심해야 합니다. 이 기본적인 사실을 중요하게 생각하지 않는 것은, 진리가 우리에게 가르치고 납득시키려는 부분을 우리 스스로 기만하는 행위입니다. 죄가 우리를 가장 잘 속이는 부분이 바로 여기입니다.

죄는 지옥에 간다는 사실에 대해 심각하게 여기지 못하게 만들고 그런 생각 자체를 불쾌하게 여기게 하여 하나님을 믿게 된 것만으로 감사하는 마음을 갖게 하지 않고, 오히려 하나님 앞에서 당당하도록 만듭니다. 이것이 죄가 하는 일입니다. 그래서 많은 신자가 하나님 앞에서 '감사합니다. 저를 불쌍히 여겨 주십시오'라고 하며 하나님이 내게 베푸신 은혜가 무엇인가를 헤아리기보다, 그저 오늘 내가 해야 할 일이 무엇인지만을 생각합니다. 물론 할 일을 해야 합니다. 그런데 그 일이 죄인을 구원하신 하나님의 은혜를 기준으로 삼고 하는 일이어야 하지, 하나님 앞에 떳떳하기 위해서 하는 일이라면 심각합니다.

자신의 신앙을 살펴보십시오. 십일조나 성수주일이나 이웃 사랑 같은 문제에 얽매여, 내가 과거에 지은 죄로 하나님의 진노 아래에 있다가 현재 하나님의 자녀라는 귀한 존재가 된 일이 얼마나 큰 사건인지에 대해 생각하는 일을 방해받는다면, 스스로가 떳떳하게 여기는 그 일들은 신앙에 도움이 되지 않고 오히려 손해가 되는 일일지도 모릅니다.

성경이 해석을 요구하는 이유

성경은 명령서가 아니라 해석을 필요로 하는 책입니다. 성경을 읽을 때 성경이 이렇게 하라고 해서 이렇게 하고 저렇게 하라고 해서 저렇게 하는 정도에만 그쳐서는 성경이 말하고자 하는 내용을 파악할 수 없습니다. 성경이 해석을 요구하는 이유는 단순합니다. 성경은 인격자의 발언이기 때문입니다. 예를 들어 봅시다. 아들이 학교에서 성적표를 받아 왔는데 성적이 너무 낮아서 아버지가 아들에게 '너 오늘부터 밥 먹지 말고 나가!'라고 했습니다. 그때 아들이 심사숙고한 끝에 '아빠가 공부 열심히 하라고 했는데 내가 공부를 안 해서 죽을죄를 졌다. 이제 나는 부모님 말씀대로 집을 나가야겠다'라고 할 경우를 생각해 봅시다. 성경에는 이 부모 입장에서 하는 '나가!'와 같은 말이 있습니다. 그런데 나가라고 했다고 자식이 진짜 집을 나가는 몰상식한 경우는 없습니다.

또 다른 예를 들어 보겠습니다. 엄마와 아이가 대화합니다. "엄마, 나 이거 할래! 응?" "안돼, 안돼!" "그래도 할 거야." "맘대로 해!" 아이가 지나친 요구를 하니, 엄마가 달래다 못해 화를 내는 대화입니다. 여기서 '맘대로 해'를 정말 하고 싶은 대로 하라는 뜻으로 이해하면 안 됩니다. 여기서 맘대로 하라는 말은 'You have no choice(너는 선택권이 없다)'입니다.

성경에는 이와 같은 이야기가 상당히 많습니다. 성경 내용은 인격자를 대상으로 하는 말씀이기 때문입니다. 성경은 인격자가 인격자를 향하여 하는 발언임을 명심하고 그 말이 갖는 의미를 인격적 차원에서 추적할 줄 알아야 합니다. 즉, 성경은 해석을 필요로 합니다. 그렇다고 아전인수 격으로 마음대로 해석하라는 이야기는 아닙니다.

복음에 대한 올바른 이해

복음을 잘못 해석하는 두 가지 경우를 봅시다. 신비주의자는 '지옥' 즉 '죄'와 같은 부정적인 문제는 덮어 두고 '복'에 관한 이야기를 많이 합니다. 지옥에서 천국으로 옮겨진 사람에게는 분명한 감격이 있고 변화가 있습니다. 지옥에 속하다가 천국으로 옮겨지면 그다음에는 무엇이 주어지든지, 주어지지 않든지 그 자체가 고맙게 여겨지는 법입니다. 그런데 지옥에 대한 인식과 두려움이 없으면, 지옥에서 천국으로 옮겨졌다는 기쁨이 없습니다. 믿는 자와 믿지 않는 자의 차이를 모릅니다. 그러니 안 믿으면 본전이고 믿으면 그 이상의 이익을 누려야 한다고 생각하며 더 나은 무엇인가를 요구합니다. 믿는다는 표시를 복으로 확인하려고 합니다. 믿으면 남보다 돈을 많이 벌거나 자식들이 더 잘되거나 건강해야 한다는 것입니다.

또 다른 유형으로, 지옥이나 천국은 완전히 접어놓고 자존심의 문제와 관련된 사상으로, 나에게 주는 의미와 가치만을 따라가는 사람들이 있습니다. 하나님 앞에서 얼마나 더 떳떳하게 사는지를 경쟁으로 삼습니다. 특히 전도할 때 '하나님은 당신을 사랑하십니다. 하나님은 당신을 위하여 원대한 계획을 갖고 계십니다'라고 합니다. 이렇게 사람을 고무하는 말을 합니다. 그런데 설명을 듣는다고 복음을 납득할 수 있는 것은 아닙니다.

전도할 때는 오히려 '예수 믿으세요. 안 믿으면 지옥 갑니다'라고 말하는 편이 좋습니다. '하나님은 당신을 사랑합니다'라고 까닭 없이 말하니까 교회에서는 그 이상으로 쌓을 무언가를 끊임없이 주어야 하는 것입니다. 그런 이유로 '목사님, 저는 십일조를 꾸준히 냈는데 하나님이 한 번도 결산해 주시지 않습니다'라는 질문을 듣습니다. 이 부분에 대해 깊이 이해하기 바랍니다. 성경이 복음을 제시할 때, 복음이 갖는 적극성보다 복음이 필요한 우리의 상황을 훨씬 많이 지적한다는 사실을 명심해야 합니다.

1장 16절에서 18절 말씀을 다시 봅시다. '내가 복음을 부끄러워하지 아니하노니 이 복음은 모든 믿는 자에게 구원을 주시는 하나님의 능력이 됨이라'(16절), '복음에는 하나님의 의가 나타나서 믿음으로 믿음에 이르게 하나니 기록된 바 오직 의인은 믿음으로 말미암아 살리라'(17절), "하나님의 진노가 불의로 진리를 막는 사람들의 모든 경건하지 않음과 불의에 대하여 하늘로부터 나타나나니"(18절). '부끄러워하지 않다' 즉 '자랑스럽다'와 '진노'라는 단어 사이에 '하나님의 능력', '하나님의 의'라는 단어가 있습니다. 하나님의 능력과 하나님의 의는 해결책을 의미합니다. 이 해결책을 찾지 못한 사람은 해결할 길이 없는 큰 재난에 빠졌다는 것입니다.

여기가 사도 바울이 출발하는 지점입니다. 오늘날에는 이 순서가 뒤바뀐 느낌입니다. 우리는 복음을 설명하기 이전에, 복음으로 인하여 얻은 기쁨 이전에, 우리의 처지가 도대체 어느 정도 였기에 복음이 주어져야 했는지를 기억해야 합니다. 복음이 없었다면 큰일 날 뻔 했던 그 상황을 생각해야 합니다. 복음을 제시하고 복음이라는 단어를 이야기할 때마다 복음이 주어지기 전 우리의 처지가 어떤 상태였는지를 마음 속 깊이 전율처럼 기억해야 합니다.

죄 아래 있는 인간의 상태

로마서 1장 18절 이하에서는 세상에서 나타나는 일반적 현상을 들어서 인간이 죄인이라는 사실을 증명합니다. 이 구절들은 죄인인 인간이 근본적으로 겪게 되는 질환들을 분명하게 드러냅니다. 22절부터 살펴봅시다.

"스스로 지혜 있다 하나 어리석게 되어 썩어지지 아니하는 하나님의 영광을 썩어질 사람과 새와 짐승과 기어다니는 동물 모양의 우상으로 바꾸었느니라." 사람이 자기가 스스로 만든 우상에게 절하는 우스운 짓을 하고 있다는 말씀입니다. 그다음 절 "그러므로 하나님께서 그들을 마음의 정욕대로 더러움에 내버려 두사 그들의 몸을 서로 욕되게 하게 하셨으니 이는 그들이 하나님의 진리를 거짓 것으로 바꾸어 피조물을 조물주보다 더 경배하고 섬김이라 주는 곧 영원히 찬송할 이시로다 아멘"(롬 1:24-25)이라는 말씀을 보면 하나님이 인간을 더러움에 내버려 두어서 인간이 얼마나 더러운 짓을 하며 수준 이하로 사는지를 보여 줍니다. 즉 죄인이기 때문에 이렇다는 증거를 제시합니다.

하나님이 인간을, 의를 상실한 심령으로 내버려 두심은 인간이 하나님의 심판을 받고 있다는 증거입니다. 성경은 사람이 죄에 빠졌을 때 하나님이 어떤 한계를 두어 그를 제재한다고 합니다. 그러나 바울에 의하면 극악한 시기에는 하나님이 인간의 죄를 억제하지 않으셔서 인간 마음대로 행하게 하시는데 이것이 심판이라고 합니다. 28절 이하도 마찬가지입니다.

"또한 그들이 마음에 하나님 두기를 싫어하매 하나님께서 그들을 그 상실한 마음대로 내버려 두사 합당하지 못한 일을 하게 하셨으니 곧 모든 불의, 추악, 탐욕, 악의가 가득한 자요 시기, 살인, 분쟁, 사기, 악독이 가득한 자요 수군수군하는 자요 비방하는 자요 하나님께서 미워하시는 자요 능욕하는 자요 교만한 자요 자랑하는 자요 악을 도모하는 자요 부모를 거역하는 자요 우매한 자요 배약하는 자요 무정한 자요 무자비한 자라"(롬 1:28-31).

이런 모습을 보고 인간이 죄인이라는 사실을 알라는 이야기입니다. '인간이 저런 죄를 행하는구나'가 정도가 아니라 '인간이 그런 죄를 짓는 수준에 있구나'라고 깨달아야 합니다. 단순히 수군수군하지 않고 비방하지 않고 부모를 거역하지 않는 것으로는 해결되지 않습니다. 이것은 마치 폐결핵에 걸려 폐가 썩어 가는 사실을 모르고, 단지 기침이 나고 미열이 난다고 기침약만 먹는 것과 같습니다. 미봉책에 불과할 뿐입니다. 인간에게는 해결책이 없습니다. 문제의 초점은 '왜 인간에게 이러한 현상이 나타나는가'입니다. 성경은 이를 '죄' 때문이라고 지적합니다.

2장 \ 율법과 믿음

율법의 역할

로마서 2장과 3장에서 바울은 이방인에게서 유대인에게로 시선을 돌리면서 그들 역시 하나님의 진노 아래 있다고 선언합니다. 유대인에게 율법의 역할을 밝힘으로써 그들도 복음의 필요성 앞에 항복하게 합니다. 3장에 이런 유명한 구절이 나옵니다.

"우리가 알거니와 무릇 율법이 말하는 바는 율법 아래에 있는 자들에게 말하는 것이니 이는 모든 입을 막고 온 세상으로 하나님의 심판 아래 있게 하려 함이라 그러므로 율법의 행위로 그의 앞에 의롭다 하심을 얻을 육체가 없나니 율법으로는 죄를 깨달음이니라"(롬 3:19-20).

율법으로 죄를 깨닫는다는 말이 무슨 뜻입니까? 또 율법 아래에 있는 자는 모두 심판 아래 있다는 말은 무슨 뜻입니까? 율법의 행위를 지킬 자가 없다는 말은 무슨 뜻입니까? 구약에서는 분명히 율법을 제시하고 이것을 지키는 자는 구원을 얻는다고 약속하는데, 실제로는 율법을 지키는 자가 없다는 말이 무슨 뜻입니까?

예를 들어 맹인에게 목적지로 가는 약도를 상세히 그려서 건네주었습니다. 그런데 맹인에게는 약도가 소용없습니다. 약도가 그려진 종이를 돌돌 말아서 지팡이처럼 짚고 다닌다면 그나마 넘어지진 않겠지만 길을 찾는 데에는 아무 도움이 안 됩니다. 이를테면 율법은 약도와 같습니다. 율법을 받고서도 그것을 지킨 자가 없다는 말씀은, 눈을 떠야만 비로소 유용하게 사용할 수 있는 율법을 맹인들이 받았기 때문에 제대로 사용하지 못했다는 의미입니다. 인간은 율법을 받아 지팡이로 쓰는 바람에 맹인임이 탄로 났습니다.

율법으로 죄를 깨닫는다는 말씀에 대해서도 단순히 율법을 지키지 못했다고만 이해하지 말고 위의 예와 같은 차원에서 생각해야 합니다. 율법을 주었는데도 그것을 지킬 수 없다는 말은 율법을 받은 이가 그것이 무엇인지 몰라서 제대로 사용하지 못했다는 뜻입니다. 이와 같이 이스라엘 백성은 이방 민족에게는 주어지지 않았던 율법을 가졌습니다. 마치 이방인들은 빈손이고 그들은 지팡이를 가진 것과 같습니다. 같은 맹인이어도 지팡이를 가진 자와 안 가진 자 사이에는 꽤 차이가 있습니다. 그러나 율법이라는 약속을 받은 자, 즉 약도를 받은 자도 목적지까지 찾아오지 못하니, 이방 민족이나 이스라엘 백성 모두가 똑같이 맹인이었다는 사실이 증명되었습니다. 즉 율법을 지킬 수 있는 사람이 없는 것입니다.

성경에서 '모든 사람이 죄인이다'라는 말은 '모든 사람이 맹인이다'라는 말로 바꿀 수 있습니다. 하나님에게 찾아가서 '약도대로 가려면 어디로 가야 합니까?'라고 묻는 사람조차 없습니다.

그러면 지금 예수를 믿는 우리는 어떻게 다릅니까? 이제는 율법을 제대로 사용하여, 약도를 보고 가듯이 목적지를 척척 찾아갑니까? 그렇지 않습니다. 우리는 약도를 받아 들었지만 하얀 것은 종이, 까만 것은 글자인 것만 알 뿐 약도에 어떤 내용이 담긴지를 모릅니다. 눈은 떴는데 알아보지 못합니다.

그래서 우리는 어떻게 합니까? '하나님, 이것이 무슨 글자예요?'라고 묻습니다. 약도 내용을 가르쳐 달라고 구합니다. 옛날에는 눈을 뜨지 못해 보지 못하고 만지기만 했다고 표현할 수 있습니다. 이스라엘 민족이 율법을 받고서도 이방 민족과 다를 바 없었던 것은 율법을 가지고도 그 내용을 몰랐기 때문입니다. 오히려 그것을 잘못 사용해 '바리새인' 같은 집단이 생기기도 합니다. 그들은 자신들이 율법을 지키고 있다고 생각해서 그렇지 못한 자들을 정죄하는 데에 율법을 사용했습니다. 즉, 그들은 율법을 지켜야 구원을 받는다고 생각했습니다. 그런데 그들이 율법을 지킬 수 있다고 생각한 것은 하나님이 요구하시는 바 율법의 정신과 깊이를 깨닫지 못했기 때문입니다. 바리새인이란 '우리가 이제까지는 율법을 지팡이로만 써서 문제였다. 이제는 이것을 갈아서 칼로 쓰자'라고 주장한 일파를 지칭한다고 볼 수 있습니다.

위대한 전환점, '그러나'

"우리가 알거니와 무릇 율법이 말하는 바는 율법 아래에 있는 자들에게 말하는 것이니 이는 모든 입을 막고 온 세상으로 하나님의 심판 아래에 있게 하려 함이라 그러므로 율법의 행위로 그의 앞에 의롭다 하심을 얻을 육체가 없나니 율법으로는 죄를 깨달음이니라"(롬 3:19-20).

'이제는 율법 외에 하나님의 한 의가 나타났으니'(21절). 여기서 우리말 성경에는 나타나지 않지만 원문 성경에는 '이제는' 앞에 '그러나'라는 단어가 나옵니다. 즉 "그러나 이제는 율법 외에 하나님의 한 의가 나타났으니 율법과 선지자들에게 증거를 받은 것이라 곧 예수 그리스도를 믿음으로 말미암아 모든 믿는 자에게 미치는 하나님의 의니 차별이 없느니라"(롬 3:21-22)입니다.

율법 외에 하나님의 한 의가 나타났다는 말을 이해하는 데 있어서 가장 중요한 단어는 '그러나'입니다. '그러나'라는 접속사는 앞뒤 문장이 상반되는 내용일 때 사용합니다. 그러므로 이 대목은, 율법이 모든 사람을 할 말 없게 한다는 사실을 아는 사람만이 복음을 이해할 수 있음을 보여 줍니다. 즉, 우리가 죄인이며 지옥에 갈 수밖에 없는 존재였음을 아는 사람만이 구원 얻었다는 말을 이해할 수 있고 그 사실만으로 만족할 수 있습니다.

사도 바울이 복음에 대하여 '자랑스럽다. 하나님의 능력이다'라고 한 이야기의 다음 단계로 복음은 '율법이 아닌 것'이라고 합니다. 이 설명은 '그러나'라는 말로 시작됩니다. '율법으로는 안 된다. 약도만으로는 안 된다. 모두가 실패했다. 그래서 모두가 지옥에 갈 수밖에 없다'라고 합니다. 그러면 우리에게는 아무런 희망이 없다는 말입니까? 우리는 모두 지옥으로 갈 수 밖에 없다는 말입니까? 여기서 사도는 '그러나'라는 단어를 제시하여 우리에게 희망이 있음을 강하게 주장합니다. '그러나' 다음에 나오는 이야기는 앞부분과 상반되는 내용으로, 앞의 내용을 조건으로 삼지 않기 때문입니다. 앞부분을 얼마큼 부정하고, 그럼에도 그것으로는 실패하지 않는다는 말을 얼마큼 이해하느냐에 따라서 '그러나' 다음에 제시되는 복음에 대한 설명을 이해하는 정도가 달라집니다. '그러나' 앞부분의 설명을 제대로 숙고하지 못한 사람들은 '그러나' 다음에 나오는 설명을 오해하기 쉽습니다. 이 부분에 대한 오해만큼 복음에 대해 손해 보는 일은 없을 것입니다.

율법 외의 것

본문을 다시 봅시다. '그러나 이제는'이라고 말하고 '율법 외에 하나님의 의가 나타났다'라고 합니다. 여기서 '율법 외'라는 말은 하나님이 율법을 폐지하셨다거나 우리가 그 율법을 안 지켜도 된다는 말이 아니라, 율법의 요구를 완벽하게 지키신 그리스도의 순종을 우리의 것으로 간주하시겠다는 뜻입니다. 그리고 "곧 예수 그리스도를 믿음으로 말미암아 모든 믿는 자에게 미치는 하나님의 의니 차별이 없느니라 모든 사람이 죄를 범하였으매 하나님의 영광에 이르지 못하더니 그리스도 예수 안에 있는 속량으로 말미암아 하나님의 은혜로 값 없이 의롭다 하심을 얻은 자 되었느니라"(롬 3:22-24)라고 합니다.

복음은 율법과 구별되는데, 구원받기 전 하나님의 진노 상태에 해당하는 쪽이 율법이라면 이와 반대되는 쪽, 즉 구원받은 상태는 은혜이고 복음입니다. 흔히들 후자를 이해하지 못하는 것은 전자인 율법에 대해 제대로 모르기 때문입니다. 율법은 그것을 지키면 상을 받고 지키지 못하면 벌을 받는 법칙입니다. 내가 행한 결과에 대해 내가 책임을 지는 법칙이자 방법이 율법이라면 은혜는 내가 행한 결과에 대해 내가 책임을 지지 않는 것입니다. 즉 은혜는 나에게 일어난 복된 결과가 나로부터 출발한 것이 아님을 설명하는 단어입니다. 나에게 그럴 만한 원인이 있지 않다는 말입니다. 나에게 원인이 있어서 이루어진 것이 아니기 때문에 나에게 자랑할 것이 없습니다. 성경은 구원에 대해 한 편으로는 '율법', '행위', '자랑'이라고 설명하고 다른 한 편으로는 '은혜', '선물', '긍휼'이라고 합니다. 또한 '행위'의 반대 의미로 '믿음'이라는 말을 사용하고 '율법'의 반대 의미로 '복음'이라는 말을 사용합니다.

성경에서는 후자에 속하는 단어들을 우리가 제대로 이해하도록 '율법 외의 것'이라고 표현합니다. 이 구분을 이해해야 합니다. 구원의 정의를 '은혜', '복음', '선물', '긍휼', '믿음'으로 이해하기에 앞서 일차적으로 '율법이 아닌 것'이라고 그 기초를 분명히 세워야 합니다. 왜냐하면 믿음, 긍휼, 선물, 복음, 은혜 등의 단어들은 성경에서 사용한 것과 관계없이 일상에서도 흔히 사용되는 단어들이기 때문입니다. 이 단어들은 일상생활에서도 쓰이기에 성경에서 이 단어들을 볼 때, 삶에서 경험하는 일상 언어나 말의 구조가 빚어내는 뜻으로 잘못 이해할 수 있습니다. 이는 성경이 우리에게 알려 주려는 내용을 곡해하는 요인입니다. 성경에 쓰인 '믿음'이라는 단어가 오해되는 이유입니다. 이 부분에 대해서는 로마서 4장에서 자세히 설명되는데, 먼저 이해할 부분은 '율법 외의 것'입니다. 전자, 즉 '율법이나 행위의 영역에 속한 것이 아닌 것'입니다.

구원의 신비

예수를 믿는다는 것과 예수께서 우리에게 제시한 기독교는 신비롭습니다. 내세에 관한 일이며 보이지 않는 것에 관한 일이며 영에 관한 것이기에 신비롭습니다. 그래서 기독교는 신비한 종교입니다. 영광, 내세, 창조주 하나님, 영물인 천사, 사단 등 신비로운 이야기를 합니다. 우리는 지각과 감각으로 드러나지 않거나 이해되지 않을 때 '신비롭다'고 말합니다. 그러나 '신비주의'와는 다릅니다. 신비주의는 자연 세계에서 영의 세계로 넘어올 때 어떠한 방법이 있다고 말하는 주의입니다. 기독교는 신비주의와는 전혀 다른 '신비'를 포함하는데 성경이 구원 얻는 문제에 대한 설명을 회피하는 것을 보면 더욱 확연하게 알 수 있습니다.

성경은 '사람이 물과 성령으로 나지 아니하면 하나님의 나라에 들어갈 수 없느니라'(요 3:5)라고 합니다. 언제나 성령께서 증명해 보이신다고 합니다. 성령의 존재는 이해가 불가능하고 설명이 불가능합니다. "바람이 임의로 불매 네가 그 소리는 들어도 어디서 와서 어디로 가는지 알지 못하나니 성령으로 난 사람도 다 그러하니라"(요 3:8). 거듭나게 하시는 성령의 역사를, 결과로 보아 알 수밖에 없다고 하십니다. 성경은 누가 구원 얻는지에 대하여 '성령께서 감화 감동시키는 사람'이라고 답할 뿐입니다. 즉 믿지 않는 이가 믿게 되는 일에 대해서는 납득할 만한 설명이 없으며 우리가 애를 쓴다고 도달할 수 있는 것도 아니라는 이야기입니다.

구원을 '정점'이라고 가정한다면, 인간은 거기에 결코 닿지 못하는 불연속선을 그을 수밖에 없는 존재입니다. 우리는 흔히 십자가를 통해 믿지 않는 자리에서 믿는 자리로 넘어왔다고 말합니다. 그러나 이 개념은, 예수께서 우리 죄를 대속하셔서 이제는 우리가 예수를 믿기에 자연 세계에서 영의 세계로 넘어오게 된 결과에 대한 표현이지 우리가 무엇을 해야 전자에서 후자로 올 수 있는지에 대한 설명이 아닙니다.

믿는 자들, 하나님 앞에 구속을 얻은 자들은 이처럼 예수님이 죗값을 치러 주셔야만 믿는 자리로 넘어오는 것이지, 모든 사람이 넘어올 수 있다는 이야기가 아닙니다. 한 개인이 믿지 않는 자리에서 믿는 자리로 들어오는 방법에 대해 성경은 언제나 신비롭다고 이야기합니다.

그런데 신비주의자들은 그 자리로 넘어오는 데에 어떤 방법이 있다고 합니다. 그중 하나가 '믿으면 구원 얻는다'는 말입니다. 믿는 것이 구원을 얻는 방법이라고 합니다. 그들은 믿으면 구원 얻을 수 있다고 생각합니다. 그러나 그들이 말하는 대로 믿는다고 구원을 얻지는 못합니다. 그들은 성경이 말하는 '믿음'을 올바로 이해하지 못하고 있습니다.

믿음에서 믿음으로

성경에서 믿음이라는 단어가 나온 경로는 다음과 같습니다. 율법이란 하나님이 제시하는 조건들을 지키고 이행하여 드디어 합격선에 도달하는 것을 말하는데, 사람은 구원에 이르게 하는 그 조건들을 지킬 수 없습니다. 그래서 '율법이나 행위로 구원 얻지 않는다'라는 이야기는 '너희는 율법이나 행위가 아닌 것으로 구원을 얻었다'라는 뜻입니다. 성경은 '구원은 너희가 이룬 것이 아니고 하나님의 은혜요, 선물로 받은 것이다'라고 말합니다. 구원 얻는 방법은 율법이나 행위가 아님을 분명하게 설명하기 위해 성경에서 '믿음'이라는 단어를 사용한 것입니다.

성경에서 '믿음'이라는 단어는 'Trust'와 다른 뜻입니다. 성경에 나온 '예수 믿으십시오'라는 말은 '이제 우리가 믿자' 하는 이야기와 다릅니다. 누가 '나는 예수를 믿어서 구원을 얻었다. 그런데 어떤 사람에게 예수를 믿으라고 하니까 그는 믿지 않겠다고 했다. 나는 예수를 믿었는데 그 사람은 믿지 않으니까 그는 지옥에 가야 마땅하다'라고 단정합니다. 이 경우는 무엇을 구별하는 것입니까? 자기가 얻은 구원이라는 결과에 대하여 그 조건이 자기에게 있다고 생각하는 것입니다. 자기는 믿음이라는 조건을 충족한 사람이고, 믿지 않는 사람은 믿음이라는 조건을 거부하는 사람이라고 구별 짓는 것입니다. 만약 이렇게 생각한다면 믿음은 자랑거리에 불과합니다. 그러나 성경은 우리에게 자랑할 것이 없다고 선언합니다. 이것은 믿음이 아니라, 구원에 대한 자기만의 기준입니다. 결과에 대한 원인이 나에게 있다고 생각하기 때문입니다. 즉 성경에서 '예수 믿으십시오'라는 말은 율법과 상관없는 표현입니다.

로마서 1장에서는 이 문제에 대해 분명히 하면서 출발합니다. 1장 17절 '복음에는 하나님의 의가 나타나서 믿음으로 믿음에 이르게 하나니'라는 말씀에서 믿음이라는 단어가 두 번 나옵니다. 첫 번째가 지금 설명하는 믿음과 같은 의미이고, 두 번째는 우리가 흔히 사용하는 'Trust'의 의미입니다. 우리는 두 번째 의미로 눈을 뜨고 하나님을 보게 됩니다. 거기서부터 우리는 하나님을 신뢰하게 됩니다.

이제는 눈을 떠 율법을 보는 자로서 가야 할 길을 가야 하며, 하나님을 쳐다보아야 하는 등 행위들을 해야 합니다. '너의 행위로 구원 얻지 않는다'라는 말은 믿지 않는 상태에서 믿는 자리로 넘어올 때에는 행위가 조건이 될 수 없다는 의미입니다. 구원 얻는 과정에서는 행위가 조건이 될 수 없지만 구원 얻은 후에는 마땅히 행해야 할 행위가 따릅니다.

이 부분은 구원을 얻는 것에 관한 문제가 아니라, 얻은 자의 '성장'에 관한 문제입니다. 그런데 정작 많은 사람이 믿는 자리로 넘어올 때는 '자기가 믿어서' 넘어온 줄 알고, 넘어와서는 하나님에게 은혜만을 구하는 혼동 속에 빠져 있습니다. 반대로 적용합니다. 그래서 신앙이 늘 흔들립니다. 이 부분을 잘 이해해야 합니다.

믿지 않는 자리에서 믿는 자리로 넘어오는 데에는, 즉 자연 세계에서 영원 세계로 넘어오는 데에는 결코 방법이 없습니다. 그 일은 오직 하나님만이 하십니다. 자연 세계에서 영원 세계로 넘어온 후에는 눈이 떠져서 한 하나님, 한 구주, 한 성령님을 발견하며 우리가 그리스도 안에서 한 지체임을 알게 됩니다. 눈을 뜬 자는 그것들을 보게 됩니다. 눈을 뜨게 되는 과정에 있어서는 내가 눈에 힘을 주어야 한다든지, 고개를 어디로 돌려야 한다든지 하는 방법이 없습니다. 하나님만이 하시는 일입니다. 눈을 뜬 다음에는 오직 한 분이며 절대 진리이신 창조주 하나님, 그분이 보입니다.

성경은 자연 세계에서 영원 세계로 넘어오는 데에 우리에게는 방법이 없으며 우리의 행위가 조건이 되지 못한다고 합니다. 그것을 믿음이라는 용어로 제시합니다.

일단 믿는 자리에 온 후에는 우리가 보통 이야기하는 그 믿음 (Trust)이 동원되어야 합니다. 하나님을 믿고 의지하고 따르며 살아야 하는 것입니다. 제시된 율법에 순종해야 하고 요구되는 행위들을 행해야 합니다. 그렇지 못한다고 해서 믿는 자리에 온 사람이 믿지 않는 자리로 되돌아가는 일은 없습니다. 또한 믿는 자리에 왔다면 주저앉아서 한없이 어린아이로만 있을 수도 없습니다. 믿는 자리에 왔어도 배우지 않고 씨를 뿌리지 않으면 거둘 것이 없습니다.

지금 신자들에게 큰 갈등이 있다면, 바로 이 두 가지 상황에 관한 혼동입니다. 많은 신자가 믿는 자리로 넘어오는 방법에 대해서만 붙들고 있고, 믿게 된 후 신앙의 성장을 위해 마땅히 해야 할 일은 하지 않고 주저앉아 있습니다. 홍해를 건넌 사건 하나만을 평생 붙잡고 있는 격입니다. 우리는 최소한 홍해를 건너온 사람들입니다. 신자는 성숙하려는 자세를 갖추어야 합니다. 이제는 믿는 자리로 넘어와서 살아 내야 할 삶이 있다는 사실을 명심해야 합니다.

구원에 대한 올바른 인식

우리가 예수 그리스도를 죄인으로 못 박았고 미친 사람으로 매도했지만, 하나님은 예수님의 고난을 대속 제물로 쓰셨습니다. 우리가 보는 시선과 세상이 보는 시선에는 공통점이 없습니다. 이 점을 가장 잘 드러내는 사건 중 하나가 십자가 사건입니다. 십자가 사건이야말로 세상 사람의 눈에는 어리석어 보이지만 우리에게는 무엇인가를 알게 하는 사건입니다. 이처럼 세상의 시선과 우리의 시선이 다르다는 사실을 염두에 두면, 십자가 사건은 우리가 단순히 이해하는 범위를 벗어나 있음을 알 수 있습니다. 십자가 사건은 하나님이 제시한 방법론입니다. 홍해를 넘어온 자만이 이해가 되고 보게 되는 것이지, 그 자리로 넘어오지 않고는 이해할 수 없습니다. 이 설명은 단순히 '율법 외'에 관한 이야기만이 아닙니다. 로마서 3장에서는 이 사건을 또 다른 차원에서 설명합니다. 22절 "곧 예수 그리스도를 믿음으로 말미암아 모든 믿는 자에게 미치는 하나님의 의니 차별이 없느니라"라는 이야기입니다. 차별이 없다는 말은 율법을 가진 유대인들을 염두에 두고 있습니다.

즉, 율법을 가진 것이 율법을 지킨 것은 아닙니다. 율법을 지키는 자가 앞선 것이지, 율법을 가지고 있는 자가 앞선 것은 아니라는 말입니다. 유대인이 율법을 지킬 수 없는 이유는 그들도 율법을 알지 못하는 맹인이기 때문입니다. 이것이 여기서 가장 큰 메시지입니다.

23절에 또 다른 증거가 나옵니다. "모든 사람이 죄를 범하였으매 하나님의 영광에 이르지 못하더니." '죄'와 '하나님의 영광'을 비교합니다. 즉 한쪽이 '지옥'이고 다른 한쪽이 '천국'이라는 극단적인 차이이고, '율법'과 '율법 외'라는 차이이며, 더 나아가서는 한쪽이 '저주'이고, 다른 한쪽이 '영광'이라는 차이를 설명합니다. 이 둘 사이를 연결할 수 있는 방법이 우리에게는 없다는 사실을 기억해야 합니다.

구원을 사실로 인식합니까, 혹은 경험으로 인식합니까? 대부분의 신자는 구원이 사실이기 때문에 좋아하기보다 구원을 경험했기 때문에 좋아합니다. 지옥에 모르고 가는 것과 알고 가는 것 중 어느 편이 더 나은지 물으면 양쪽 다 나쁘기는 마찬가지인데도 모르고 가는 쪽이 낫다고 합니다. 즉 사실 자체보다 '그것이 나와 무슨 상관이 있느냐'를 더 중요하게 여기는 사고방식 때문입니다. 나와 관계가 있는지, 나에게 복이 되는지, 손해는 아닌지, 이런 이유로 열심을 내는 것이지 사실 자체에는 관심이 없습니다.

복음은 늘 하나님과 연관되어야 합니다. 로마서 3장 25절에서도 바로 이 사실을 요구합니다. '이 예수를 하나님이 그의 피로써 믿음으로 말미암는 화목제물로 세우셨으니.' 하나님이 세우셨다고 합니다. 이는 예수님의 죽으신 목적이 하나님을 향하여 있다는 것입니다.

하나님은 우리에게 복음을 제시하고 그것이 우리 것이 되게 하기 위해서 '각본'을 쓰시고 그 일을 그대로 행하시는 분입니다. 그러나 우리는 예수 그리스도를 보내신 분이 하나님이라는 사실에 대하여 확인하지 않습니다. 이것은 우리의 신앙을 낮은 수준에 머무르게 합니다. 경험 위주로 구원 문제를 바라보는 사고방식에서 벗어나, 하나님이 우리의 구원을 이루기 위하여 행하신 일을 신앙의 토대로 삼고 그 토대 위에서 성장해 나가야 하겠습니다.

3장 \ 행위와 약속

구원의 순서

《데미안》이라는 책에 '새는 알을 깨고 나온다'라는 문장이 나옵니다. 알을 깨지 않는 한 새가 나올 수 없듯이 우리가 이전에 가졌던 개념과 이해들을 더 큰 구조로 보기 위해서는 건설적인 파괴가 자주 일어나야 합니다. 로마서를 공부하는 동안에 이러한 파괴로부터 오는 고통을 감수해야 할지도 모릅니다. 로마서 3장 말씀을 통해 구원은 우리가 믿어서 얻은 것이 아니라 하나님에게 붙잡혔기 때문에 얻었다는 것과 인간이 스스로 자연 세계에서 영원 세계로 들어갈 방법은 없다는 사실을 알았습니다. 이 주제를 좀 더 진행시키고자 합니다.

우리가 구원 문제를 이해하는 순서는 흔히 '구약 → 예수 그리스도 십자가 → 신약'입니다. 그래서 우리는 '구약시대 사람은 어떻게 구원을 얻었나' 하는 문제에서 혼란을 겪습니다. 신약시대 성도는 예수 그리스도를 믿어서 구원을 얻습니다. 그러면 구약시대 사람과 아담은 무엇으로 구원을 얻었습니까?

이 이야기를 하기 전에, 구원의 방법을 시대로 분류하는 세대주의에 관하여 생각해 보겠습니다. 세대주의는 구약시대에 구원 얻는 방법은 율법을 지키는 것이었고 신약시대에 구원 얻는 방법은 복음을 믿는 것이라고 이해합니다. 구약시대 사람들은 율법을 행함으로써 구원을 얻고 신약시대 사람은 믿음으로 구원을 얻는다고 하며 시대에 따라 구원 얻는 방법이 달라진다는 견해를 주장합니다. 즉 하나님이 인간에게 구원 얻는 방법을 제시하는데 있어 아담에게는 선악과를 따 먹지 말 것을 요구하셨고 그것이 제대로 지켜지지 않아서, 율법을 주고 지키기를 요구하셨고 그것으로도 안되니, 결국 믿음을 제시했다는 것입니다.

구약 → 십자가 → 신약이라는 순서는 '시간 배열'에 의한 것입니다. 이 시간 배열은 '계획 배열'과 다릅니다. 계획 배열이라는 말과 시간 배열이라는 말을 구분해야 합니다. 어떤 일을 구상하고 계획하는 것과 실제로 일이 진행되는 시간에는 상당한 차이가 있습니다. 예를 들어 집을 짓겠다고 결심하면 집터를 정하고 설계 도면을 그리고 시공하는 등 순서를 잡는 계획을 세웁니다. 그런데 일을 시작하면 이 순서는 상황에 따라 달라질 수 있습니다. 집을 짓기 이전에 설계를 하기 이전에 부족한 돈을 모으거나 인부를 모으거나 트럭을 준비하는 등 다른 일부터 합니다. 실제로 진행하는 내용과 계획을 세운 내용은 다를 수 있습니다.

구원 문제를 이야기할 때에도 시간 배열과 계획 배열을 구분하지 못하여 혼란이 빚어집니다. 하나님이 '아담을 만드시고 나서 그 성패에 따라서 구약을, 다시 성패에 따라서 십자가를, 그다음에 신약 …' 하는 식으로, 하나의 계획을 실행했다가 실패하면 다른 계획을 만들어 내고 또 실패하면 다른 것을 만들어 내는 방법으로 일을 진행하신다는 생각은 잘못된 것입니다. 이는 하나님의 전능성, 전지성에 대한 모욕입니다. 일단 하나님이 작정하시면 그것으로 끝입니다. '빛이 있으라 하시니 있었다'는 말씀은 빛이 있으라고 하니 그 즉시 빛이 나타났다는 뜻만이 아닙니다. 하나님이 빛이 있게 하시겠다면 그 과정이 어떻든 결국 빛이 있게 하신다는 뜻도 포함합니다. 하나님은 하나님이시기 때문입니다. 그 과정은 이렇습니다. 하나님이 '내가 저기에 집을 지어야겠다'라고 작정하시고 땅을 파 보니 밑에서 물이 나옵니다. 그래도 하나님은 포기하지 않으십니다. 물이 나오면 펌프로 물을 퍼내서라도, 원래 계획에 없던 과정을 넣어서라도 결국 그곳에 집을 지으십니다. 일을 완성해 나가는 과정에서 일어나는 어떠한 부작용도 다 처리하시고 마침내 집을 지으시고야 맙니다.

하나님은 아담을 만드시고 아담이 하나님의 계획대로 하지 않으니까 다음으로 그에 대응하는 또 다른 일을 만들고, 그것도 실패하면 또 다시 새로운 일을 하시는 것이 아닙니다. 하나님이 한 번 작정하신 일은 꼭 이루시고야 만다는 사실은 아담에게 선악과를 먹지 말라고 하시며 생명나무에 대해 언급하신 기록에서 이미 분명히 알 수 있습니다.

결국은 아담도 예수 그리스도에 의해서 완성되는 창조 작품이었다는 점입니다. 하나님은 아담을 창조하기 전부터 그 창조의 완성으로 예수 그리스도를 계획하셨습니다. 인간이 타락했기 때문에 예수 그리스도가 필요했던 것이 아니라, 원래부터 인간이 완성되기 위해서는 마지막 단계에 예수 그리스도가 필요했습니다. 인간이 타락하지 않았다면 완성의 과정이 어떠했을지 알 수 없습니다. 만일 우리가 타락하지 않았다면 예수님이 십자가를 지는 일은 없었을지도 모릅니다. 훨씬 아름다운 방법으로 대신하셨을지 모릅니다. 생명나무가 언급되는 이 부분에 대해 가볍게 생각하지 말았으면 합니다.

요한계시록 22장 1, 2절에서 생명나무에 대한 언급이 다시 나옵니다. "또 그가 수정 같이 맑은 생명수의 강을 내게 보이니 하나님과 및 어린 양의 보좌로부터 나와서 길 가운데로 흐르더라 강 좌우에 생명나무가 있어 열두 가지 열매를 맺되 달마다 그 열매를 맺고 그 나무 잎사귀들은 만국을 치료하기 위하여 있더라."

생명나무는 생명수와 연결되는데, 생명수는 하나님과 어린양의 보좌로부터 나온다고 합니다. 생명수와 생명나무로 완성을 묘사합니다. 그것이 무엇인지 정확하게는 모르겠습니다. 그런데 아담에서부터 요한계시록까지 생명나무를 지칭하는데 이것은 의미심장한 내용을 담습니다. 성경이 주는 암시를 추적해 봅시다.

사실 아담과 하와는 선악과를 따 먹었기 때문에만 쫓겨난 것이 아닙니다. 생명나무를 따 먹을까 봐 하나님이 먼저 막으셨습니다. '이 사람이 선악을 아는 일에 우리 중 하나 같이 되었으니 그가 그의 손을 들어 생명 나무 열매도 따먹고 영생할까 하노라 하시고'(창 3:22). 하나님이 그를 쫓아내시고 불 칼을 두어 생명나무로 가는 길을 차단해 버리십니다(창 3:24). 이 생명나무는 죄인이 먹을 수 없는데, 그들이 범죄하여 자격을 상실했기에 하나님이 생명나무를 허락하지 않으셨습니다.

예수 그리스도가 우리에게 '완성'이 된다는 사실은 십자가 사건으로 분명해집니다. 십자가는 사악한 죄에 대한 대가를 가리키는 차원에서만 쓰이지 않습니다. 십자가는 우리에게 부활 또한 제시합니다. 부활이란 '너희는 죽었다. 첫값을 치렀다'는 의미 외에 '너희는 새 사람으로 태어난다. 그래서 예수 그리스도가 계시던 곳까지 가야 한다' 하는 의미를 갖습니다. 성경은 부활 생명에 대하여 우리에게 늘 '예수 그리스도에게까지 자랄지라'(엡 4:15)라고 강권합니다. 그러므로 우리는 구원 문제에 대하여 이렇게 배열해야 합니다. '하나님 → 십자가 혹은 예수 그리스도 → 아담 → 구약 → 신약.'

인류보다 예수님이 먼저 계셨고, 하나님은 인류를 계획하실 때 그리스도를 통과해야만 완성되도록 하셨습니다. 그 인류는 아담이며 구약 백성이기도 합니다. 앞서 말했듯 '우리는 예수 그리스도를 믿어서 구원을 얻었지만 구약 백성은 어떻게 구원을 얻었나' 하는 질문이 나오게 되는 이유는, 구원을 얻는 어떤 방법이 제시되고 그 방법에서 실패하면 또 다른 방법이 제시된다고 생각했기 때문입니다. 그러나 하나님은 처음부터 '하나님 → 예수 그리스도 → 아담 → 구약 → 신약'이라는 순서로 일을 계획하셨습니다. 우리를 위해서 그렇게 하셨습니다.

구원에 대한 하나님의 교육

하나님이 우리에게 무엇을 가르치시고자 할 때는 우리 모두에게 경험으로 확인시키지 않으시고 대표자를 택해 그 일을 경험하게 하신 후, 모든 사람이 쓴맛을 보지 않고도 동일한 결론에 도달하게 하는 방법을 사용하십니다. '전기를 잘못 만지면 죽는다'라는 교훈을 보여 주기 위해 모두에게 일일이 전기를 꽂을 필요는 없습니다. 한 사람을 대표로 뽑아 그가 고통 받은 것을 본 사람들이 간접적으로 경험한 것 같은 효과를 얻는 방법과 같습니다.

아담 사건이나 구약의 모든 사건은 우리에게 '샘플'입니다. 이스라엘은 샘플이 되는 그 일 때문에 부름받은 나라입니다. 그러므로 이스라엘의 모든 역사를 읽을 때 결국 그것이 내 이야기라는 것을 아는 사람은 복된 사람입니다. 우리는 구약 백성이 범한 오류를 그대로 범하지 않아도 됩니다. 신약시대에 있는 우리가 구약시대로 인하여 얻는 유익은 말로 다 할 수 없을 정도입니다.

우리는 마음속으로 '구약 백성은 샘플이 없지 않았습니까?'라고 질문합니다. 물론 구약 백성에게는 샘플이 없었습니다. 대신 하나님은 구약 백성들에게 거듭 말씀해 주셨습니다. '저것을 만지면 죽는다. 그러니 하지 마라.' 우리에게는 '자, 너희들 봤지?

죽는 것을 보았으니, 이제 알겠니?'라고 하십니다. 우리 쪽이 더 쉬워 보이고, 구약 백성은 억울해 보이기도 합니다. 그런데 반드시 그렇다고 할 수 없습니다. 그들에게는 하나님이 직접 나타나서 말씀하셨기 때문입니다. '하지 마라. 하면 큰일 난다'라고 친히 가르쳐 주셨습니다.

역사상 어느 민족에게 하나님이 친히 나타나 불 가운데서 말씀하시며 큰 이적과 두려움 속에서 권면하셨습니까? 이런 점에서 구약 백성은 억울할 것이 없습니다. 우리보다 답답하지 않습니다. 샘플을 보았든지 못 보았든지 간에 그들과 우리는 동일한 조건 속에 있습니다.

샘플이란 일부를 보여 주는 것입니다. '아! 이 포도 맛있다. 맛 좀 봅시다'라고 하면서 두 근을 맛보고 한 근을 사 가는 사람은 없을 것입니다. 현시대에 태어난 많은 사람을 위하여 하나님은 이스라엘 시대 사람들을 샘플로 두십니다. 하나님을 아는 백성들의 상황을 보여 주는 샘플도 있고 하나님을 모르는 백성들의 상황을 보여 주는 샘플도 있습니다. 예수 그리스도로 말미암아 완성되는 인간과 예수 그리스도로 말미암아 완성되지 않는 인간, 즉 다만 흙으로 빚어진 것에 불과한 사람들의 차이가 샘플로 등장합니다. 흙으로 빚어진 것만이 전부가 아니라, 하나님의 영이 있는 자라야만 완성된다는 사실을 보여 주는 샘플입니다.

구원에 대한 사실과 인식의 차이

로마서 3장 25절 '이 예수를 하나님이 그의 피로써 믿음으로 말미암는 화목제물로 세우셨으니'라는 말씀이 나옵니다.

누군가는 구원에 대해 잘못 이해하여 하나님을 엄한 아버지 같이 생각하고, 예수님을 자상한 어머니같이 생각하기도 합니다. 하나님을 매를 드시는 아버지로, 예수님을 치마폭으로 막아 주시는 어머니로 생각하기도 합니다. 그런데 하나님이 우리를 치려고 하실 때 예수님이 우리를 감싸 주신다는 생각은 잘못됐습니다. 로마서 3장 25절에서도 말하듯 구원은 예수님이 아니라 하나님이 주셨다고 이야기합니다. 하나님이 계획하시고 하나님이 명령하십니다. 예수님마저도 이 문제에 관하여 자기의 지위를 버리고 하나님의 계획에 충성하는 종의 모습으로 나타나십니다. 예수께서는 "나는 나의 일을 하러 온 것이 아니다. 나의 말을 하러 온 것이 아니다. 나를 보낸 이가 시키신 일을 하고 그를 기쁘게 하기 위하여 왔다"라고 하십니다. 예수님에게 한 가지 소원이 있다면, 그것은 우리가 하나님을 가장 사랑하며 그 앞에 무릎 꿇는 일입니다.

우리가 하나님 앞에 죄를 지어 하나님이 그 죗값을 치르기 위하여 우리로 하나님과 화목하게 사는 일을 계획하고 실천하시며 아울러 그 일에 예수님도 동원하시고 성령님도 동원하신 것입니다. 그런데 우리는 이를 우리 스스로 인식한 것으로 오해합니다. 우리는 시간 배열과 계획 배열의 차이를 이해하지 못합니다. 사실과 인식의 차이를 알지 못합니다.

구원의 확신에 대해서도 마찬가지입니다. 앞에서도 살펴보았지만, 우리가 구원을 얻은 것은 예수를 믿어서가 아닙니다. 예수를 믿는 것이 구원 얻는 조건은 아니라는 말입니다. 그러면 어떻게 구원을 얻었습니까? 우리는 알 수 없습니다. 우리가 아는 것은 내가 어느 날 하나님을 믿고 있다는 사실뿐입니다. 회개는 구원 얻은 다음에야 할 수 있는 일입니다. 회개를 해서 구원을 얻는 것이 아닙니다. 하나님을 보고서야 자신의 모습을 알게 됩니다. '내가 벌거벗었구나. 내가 고아구나. 내가 흙투성이구나'를 알고 나서 회개하게 됩니다. 눈이 떠야 자신이 고아인지, 얼마나 더러운지 볼 수 있는 것입니다. '내가 고아구나'를 아는 것, 혹은 '내가 고아니까 하나님을 찾아가야겠다'고 하는 것, 이렇게 볼 수 있는 안목이 생긴 것을 구원이라고 합니다.

　　구원이란 영적 감각이 생긴 것을 말합니다. 그에 당연한 결과로서 내가 죄인임을 알게 되고 나에게 하나님이 필요함을 알게 되고 저주받는 것의 무서움을 알게 됩니다. 그때 회개를 하고 하나님을 믿기로 하고 예수 그리스도를 영접합니다. 그런데 이 순서는 인식의 순서이지 실제의 순서가 아닙니다.

　　'주여! 영접합니다'라고 할 때는 주가 이미 내 안에 들어와 계신 것입니다. 예수님은 벌써 들어오셨는데 무엇을 청합니까? 자기가 인식한 경험과 사실이 다를 뿐입니다. 이런 이해가 없으면 다른 이에게 "나는 영접하겠다고 손을 들었는데, 너는 왜 손을 안 드느냐"라고 비판하게 됩니다. 이 부분에 대해 잘 정리하기를 바랍니다.

로마서는 3장 26절 다음에 8장으로 이어진다고 볼 수 있습니다. 중간에 있는 4, 5, 6, 7장은 3장과 8장 사이를 보충하는 설명입니다. 사도 바울은 3장 내용에서 8장 내용으로 이끌어 가기 위해 그 중간에서 이해가 필요한 부분들을 설명합니다.

4장은 믿음, 5장은 구원의 가능성, 6장은 은혜, 7장은 율법에 대한 설명입니다. 즉 예수 그리스도를 믿음으로 구원을 얻는다는 말을 한 다음, 그 말씀에서 오해될 수 있는 네 가지 문제를 부연 설명한 후에 넘어가는 셈입니다. 그래서 4장부터 7장까지는 '괄호' 속에 넣어도 되는 장이라고 할 수 있습니다.

3장에 대한 설명을 마치면, 은혜로 구원을 얻으니 우리의 행위는 아무래도 괜찮은가 하는 질문들이 제기될 것입니다. 성경은 이 질문들에 대한 답을 하나씩 하나씩 준비합니다. 로마서 6장에서도 "그런즉 우리가 무슨 말을 하리요 은혜를 더하게 하려고 죄에 거하겠느냐"라는 말씀이 나오는데 이 말은 '우리가 아무 일도 하지 않고 구원을 얻는다면, 우리는 아무렇게나 살아도 됩니까'라는 질문에 대한 답입니다. 아무렇게나 살아도 되겠다는 생각은, 5장 20절 "율법이 들어온 것은 범죄를 더하게 하려 함이라 그러나 죄가 더한 곳에 은혜가 더욱 넘쳤나니"라는 말씀에 대한 반박으로 나온 것입니다. 죄가 더하면 은혜가 더욱 넘친다고 하니까, '내가 열 가지 죄를 지으면 은혜가 스무 가지 오고, 백 가지 죄를 지으면 은혜가 이백 가지 올 텐데, 무엇 때문에 거룩하고 진실하게 생활해야 하는가, 무엇 때문에 열심을 내야 하는가' 하는 생각입니다. 이 물음에 대해 6장 1절이 주어집니다. '은혜를 더하게 하려고 죄에 거하겠느냐 그럴 수 없느니라.' 제가 강조하고 싶은 부분은 구원을 어느 정도 이해하면, 이 질문이 나오게 된다는 것입니다. 로마서를 공부하다 보면 이해가 안 되는 부분에서 반드시 이런 물음이 나옵니다. 우리에게 이런 질문이 저절로 나오지 않으면, 복음에 대해 깊이 생각하지 않았다는 반증이 됩니다.

로마서 2장에서 예수 믿는 문제에 대하여 행위로 구원을 얻지 않고 믿음으로 구원을 얻는다고 했습니다. 행위로서의 믿음이 아니라 은혜로서의 믿음이라고 설명했습니다. 로마서 3장은 이런 구절로 마무리됩니다.

"그런즉 자랑할 데가 어디냐 있을 수가 없느니라 무슨 법으로냐 행위로냐 아니라 오직 믿음의 법으로니라 그러므로 사람이 의롭다 하심을 얻는 것은 율법의 행위에 있지 않고 믿음으로 되는 줄 우리가 인정하노라 하나님은 다만 유대인의 하나님이시냐 또한 이방인의 하나님은 아니시냐 진실로 이방인의 하나님도 되시느니라 할례자도 믿음으로 말미암아 또한 무할례자도 믿음으로 말미암아 의롭다 하실 하나님은 한 분이시니라 그런즉 우리가 믿음으로 말미암아 율법을 파기하느냐 그럴 수 없느니라 도리어 율법을 굳게 세우느니라"(롬 3:27-31).

구원은 율법의 행위가 아니라 믿음으로 얻는다는 것을 인정한다면, 율법은 폐하여지는 것인가 하는 물음이 생깁니다. 그렇지 않다고 합니다. 또한 구원은 율법의 행위가 아닌 믿음으로 얻었기 때문에 자랑할 수 없다고 이야기합니다. 27절에서 사도 바울이 '자랑할 데가 어디냐 있을 수가 없느니라'라는 이야기를 하는 것도 믿음이 율법의 행위로 대치되지 않기를 원해서입니다. 믿음이 율법의 행위처럼 자리 잡지 못하도록 하기 위한 설명입니다.

4장에서는 우리가 예수를 믿는 행위로 구원을 얻는 것이 아니라는 사실에 대하여 상세히 설명합니다. 4장 1절 "그런즉 육신으로 우리 조상인 아브라함이 무엇을 얻었다 하리요"에서 '육신'이라는 단어에 '또는 우리 조상 아브라함이 육신으로'라는 각주가 달려 있습니다. 다음 2절과 관련해서 살펴볼 때, 성경 본문보다 각주가 더 적합하다고 봅니다. 즉 '그런즉 우리 조상 아브라함이 육신으로 무엇을 얻었단 말이냐'라는 뜻입니다. '우리 조상 아브라함이 육신으로 구원을 얻었느냐'라고 해석할 수 있습니다. 여기서 육신은 '행위'를 뜻합니다. '만일 아브라함이 행위로써 구원을 얻고 의롭다 하심을 받았다면 자랑할 것이 있겠지만 그렇지 않다면 자랑할 것이 없다'(2절)라고 합니다. 아브라함을 등장시켜서 그의 생애를 통하여 구원이 행위로 말미암지 않았다는 사실을 증명합니다.

"성경이 무엇을 말하느냐 아브라함이 하나님을 믿으매 그것이 그에게 의로 여겨진 바 되었느니라 일하는 자에게는 그 삯이 은혜로 여겨지지 아니하고 보수로 여겨지거니와 일을 아니할지라도 경건하지 아니한 자를 의롭다 하시는 이를 믿는 자에게는 그의 믿음을 의로 여기시나니"(롬 4:3-5). 믿음을 설명하는 데 있어서 역사적인 아브라함 사건이 등장하는 이유, 즉 성경에 아브라함 사건을 기록해 놓은 가장 큰 이유는 구원이 행위와 얼마나 관계가 없는지를 증명하기 위해서입니다. 성경은 아브라함을 늘 '믿음의 조상'이라고 하는데, 믿음의 조상이란 믿음으로 구원을 얻은 최초의 사람이라는 뜻이 아닙니다. '믿음이란 무엇인지를 보여 주는 최초의 인간'이라는 뜻입니다. 그래서 성경은 아브라함의 생애를 돌아보라고 합니다. 만약 아브라함이 그가 한 일 때문에 구원을 얻었다면 그가 무엇을 했는지를 추적해 보자는 것입니다. 그러니 '아브라함은 하나님을 믿었다'라며 간단히 넘어가서는 안 됩니다.

원인 없는 결과

성경은 '아브라함이 얻은 것이 삯이냐'라고 합니다. '삯'은 대가와 관련됩니다. 사람은 땀 흘리고 수고하기 마련인데, 대가 즉 삯을 만들어 내야 하기 때문입니다. 자기가 노력한 만큼의 대가를 받는 것이 삯입니다. 삯은 은혜가 아닙니다.

성경은 구원을 은혜라고 말합니다. 그러니 구원은 대가에 의한 것이 아닙니다. 대가에 의한 것이라면 조건이 있어야 합니다. 그러나 구원은 대가로 받은 것이 아니므로 조건이 없습니다. 다른 말로는 '선물'이라고 합니다. 받을 만한 이유가 없는데 받았기 때문입니다. 돈을 주고 얻은 것은 선물이라고 하지 않습니다. 구원은 언제나 선물이고, 은혜입니다. 삯이 아닙니다.

구원에 대해 '네가 한 것이 아니다'라고 합니다. 행위로 얻는

다는 것은 나로 인하여 주어지는 법칙입니다. '네가 구원을 얻을
만한 행위를 했느냐'라는 물음에 대하여 성경은 '아니다. 은혜로
얻었다'라고 합니다.

여기서 행위란 행동이 아니라 '인과율(因果律)'입니다. 하나
의 결과는 꼭 원인을 갖는다는 뜻입니다. 이 법칙은 어떤 결과든
지 그 결과를 얻기 위한 원인만 있으면 그 결과가 이루어지는 것
입니다. 그런데 믿음이란 원인 없이 결과가 생기는, 참으로 신비
로운 하나님의 법칙입니다. 이처럼 내가 얻은 결과에 대한 원인
이 나에게 없을 때 그것을 은혜, 선물이라고 하는 것입니다. 이런
의미에서 성경은 믿음이라는 법칙을 행위와 대조합니다. 이것을
구원의 확신에 적용해 보면 그 의미가 더욱 확실해집니다.

구원을 무엇으로 확신하십니까? '저는 예수를 믿습니다. 저는
죄인임을 인정하고 회개합니다.' 이런 답들은 다 훌륭하지만 이
런 답이 구원의 조건이라고 생각한다면 성경이 그토록 집요하게
지적하는 바를 제대로 이해하지 못한 것입니다.

우리는 모든 결과가 그 자체로 확실하지 않을 때 그 원인을 점
검하곤 합니다. 결과가 분명하지 않아 보여도 원인이 분명하면
그 결과를 인정합니다. 그런데 구원이라는 결과를 확신하기 위
해 인과율을 동원하면 이상한 일이 일어납니다. 아무리 스스로
를 뒤돌아보아도 구원받았다는 결과를 확증할 원인이 없습니다.
특히 어려서부터 믿는 가정에서 자란 사람들은 더욱 그렇습니
다. 중간에 믿게 된 사람들은 어느 날 어느 때 예수를 영접했다느
니, 눈물을 흘리며 회개했다느니 하는 등 원인처럼 느껴지는 특

별한 체험이라도 있습니다.

인과율 외에 믿음의 법칙이 있다는 사실을 모르기에 자신의 구원을 인과율로 점검할 수밖에 없습니다. 그러고 나면 나에게는 구원 얻을 이유도 원인도 없다는 사실이 확실해집니다. 구원이라는 결과를 우리에게 주기 위해서, 그 원인을 우리에게 요구하지 않고 하나님 쪽에서 준비하셔서 예수 그리스도를 원인으로 삼으시고 그 결과는 우리가 갖게 하셨습니다. 이런 법칙이 있습니까? 그러니 놀라고 의심해야 당연합니다. 그래서 고린도전서 1장 18절에서는 십자가를 하나님의 지혜라고 하는 것입니다.

우리가 받은 구원의 원인은 늘 그리스도, 그의 십자가뿐입니다. 그래서 우리는 우리가 얻은 구원을 '은혜'라고 하고 '믿음으로 얻었다'고 합니다. 성경은 구원 문제를 설명할 때마다 '자랑'이라는 리트머스시험지로 분별하게 합니다. 즉, 구원에 대해 스스로에게 자랑할 것이 있느냐, 없느냐로 구별합니다. 자랑이라는 표시가 리트머스시험지에 나타나면 믿었다는 '행위'를 구원의 원인으로 삼고 있다는 이야기입니다. 믿었다는 행위 때문에 그 대가로 구원을 얻었다고 이해하는 것입니다. 즉 '율법의 행위'가 원인이 됩니다. '믿음'이라는 단어를 대신 사용할 뿐입니다. 단어가 달라졌을 뿐이지, 행위를 말하는 것입니다. '나는 믿었는데 너는 왜 안 믿느냐'고 할 때에는 바로 그 마음에 자랑이 내포되어 있음을 알아야 합니다. 나는 믿었으니까 구원 얻은 것이 당연하다는 자신이 있는 것입니다. 이 원리를 따르면, '믿었는데 왜 안 줘요!'라는 항의까지 할 수 있겠습니다.

이처럼 믿음이라는 단어를 사용할 때, 믿었으니까 구원을 얻었다는 뉘앙스가 흐르면 잘못된 것입니다. 믿어서 구원 얻은 것이 아닙니다. 우리는 믿었기 때문이라는 원인 없이 구원을 얻었습니다. '믿음'이라는 단어로 표현했을 뿐입니다. '예수를 믿어서 구원을 얻었습니다'라는 선언은 우리에게 구원 얻을 조건이 있거나 가치가 있어서 구원이 주어졌다는 뜻이 아닙니다. 하나님이 은혜로 주셔서 얻었다는 말입니다. 그것을 '믿음으로 받았습니다'라고 표현합니다.

성경은 이 이야기를 이렇게 설명합니다. '일한 것이 없이 하나님께 의로 여기심을 받는 사람의 복에 대하여'(롬 4:6). 의롭다는 결과를 놓고 볼 때, 복 받을 만한 일을 한 것이 없는데 받은 자의 행복에 대하여 다윗은 시편 32편에서 밝히고 있습니다. '불법이 사함을 받고 죄가 가리어짐을 받는 사람들은 복이 있고 주께서 그 죄를 인정하지 아니하실 사람은 복이 있도다'(롬 4:7-8). 불법이 사함을 받고 죄가 가리어짐을 받은 것이지, 불법이 먼저 용서를 받으려고 믿음을 내놓고 회개한 것이 아니라. 조건 없이 불법이 사함을 받고 죄가 가리어짐을 받는 자, 주께서 그 죄를 인정하지 않으실 사람이 복이 있다고 합니다.

구원의 근거인 하나님의 약속

로마서 4장 9절 이하부터는, 구원이라는 결과가 우리의 조건과 얼마나 관계가 없는지에 대하여 또 다른 면에서 설명합니다. "그런즉 이 복이 할례자에게냐 혹은 무할례자에게도냐 무릇 우리가 말하기를 아브라함에게는 그 믿음이 의로 여겨졌다 하노라 그런즉 그것이 어떻게 여겨졌느냐 할례시냐 무할례시냐 할례시가 아니요 무할례시니라"(롬 4:9-10).

아브라함이 할례를 받은 일은 창세기 17장에 나오고 아브라함이 의롭다 함을 받은 일은 창세기 15장에 나옵니다. 즉, 아브라함은 할례를 받기 이전에 구원을 얻었기에 할례가 구원의 조건일 수 없음이 증명됩니다. 갈라디아서 3장 후반부를 보면 율법은 아브라함이 죽고 한참 후에 모세로 말미암아 주어집니다. 아브라함 시대에는 주어지지 않은 율법을 아브라함이 지켜서 구원을 얻었겠습니까? 창세기 15장에서 보듯 아브라함이 구원을 얻은 때는 율법이 생기기 전이었습니다. 그러므로 율법도 구원의 조건일 수 없음이 증명됩니다. 이를 증명하기 위해 성경에 아브라함의 생애가 기록되어 있습니다. 아브라함은 할례 전에, 율법이 주어지기 전에 구원을 받았습니다. 이 대표적인 사건을 통하여 하나님이 우리에게 주신 구원에 대해 확실히 알 수 있습니다.

"또한 할례자의 조상이 되었나니 곧 할례 받을 자에게뿐 아니라 우리 조상 아브라함이 무할례시에 가졌던 믿음의 자취를 따르는 자들에게도 그러하니라 아브라함이나 그 후손에게 세상의 상속자가 되리라고 하신 언약은 율법으로 말미암은 것이 아니요 오직 믿음의 의로 말미암은 것이니라 만일 율법에 속한 자들이 상속자이면 믿음은 헛것이 되고 약속은 파기되었느니라 율법은 진노를 이루게 하나니 율법이 없는 곳에는 범법도 없느니라 그러므로 상속자가 되는 그것이 은혜에 속하기 위하여 믿음으로 되나니 이는 그 약속을 그 모든 후손에게 굳게 하려 하심이라 율법에 속한 자에게뿐만 아니라 아브라함의 믿음에 속한 자에게도 그러하니 아브라함은 우리 모든 사람의 조상이라"(롬 4:12-16).

여기서 다시 한 번 둘의 구별이 나옵니다. 한쪽은 율법이고 행위이며, 그 반대편은 은혜이고 선물입니다. 앞에서 말한 대로 이 둘을 가장 정확하게 구별할 수 있는 단어는 '자랑'입니다. 우리는 후자를 '믿음'이라고 부릅니다. '율법이 아니고 믿음이다', '행위로 난 것이 아니고 은혜이다', '선물이다', '자랑할 수 없다'라는 말들을 나열합니다. 이제 이 모든 낱말을 '하나님이 약속하셨다'라는 말로 설명합니다.

구원을 이해하는데 있어서 결정적인 단어는 '약속'입니다. 구원은 내가 나를 완성시키는 것인지, 아니면 다른 이에게 나를 완전히 맡기는 것인지의 싸움입니다. 기독교 신앙의 밑바닥을 뚫고 들어가 보면 결국은 휴머니즘이냐, 하나님 제일주의냐 둘로 좁혀집니다. 하나님을 들먹이면서도 결국은 내 스스로가 떳떳하길 바라는 것이 인간입니다. 자존심을 세우는 것이 죄의 가장 대표적인 성질입니다. 인간은 하나님에게까지 떳떳하고 싶어 하는 존재입니다. 따라서 사람은 율법과 행위 쪽에 더 관심이 있습니다. 또 그쪽이 더 타당해 보입니다. 사람은 본질적으로 죄인이라서 그렇습니다. 행위로 인한 자기완성이 더 옳게 느껴지고 거저 얻은 것은 하찮게 느껴집니다. 그래서 하나님은 우리에게 '약속'이라는 단어를 제시하여 이 문제를 푸십니다. 하나님 자신이 이루시겠다는 말씀입니다. 구원은 하나님의 약속에 근거한다는 것입니다. 하나님이 우리로 구원을 이해하게 하시려고 '약속'을 선포하셨음을 알아야 합니다. 구원은 하나님의 약속에 의한 것임을 인정합니까? 이것을 인정하고 납득하는 사람은 하나님에게 복 받은 사람입니다.

이 부분에 대하여 납득되지 않는 것이 더 개연성 있기 마련입니다. 사람은 '행위' 쪽에 더 납득이 가는 것이 당연한 이치이기 때문입니다. 구원이 하나님의 약속이라는 사실을 납득하는 사람은 하나님에게 복을 받아 신앙심이 높은 사람이거나, 논리성이 결여되어 무조건 받아들이는 사람입니다. 이렇게 납득한 사람은 '하나님의 약속'이라는 영역으로 뛰어넘어 가게 됩니다. 하나님에 대한 신앙으로 납득하게 된 것입니다.

하나님을 믿는 일은, '나의 영광을 위한 행위냐, 하나님의 존재와 그분의 높으심에 대한 항복과 납득이냐'의 싸움으로 귀결됩니다. 하나님은 언제나 여전히 그의 보좌와 그의 영광의 자리에 앉아 계십니다. 이것은 당연하고 기쁜 일입니다. 우리는 그의 약속에 근거해서만 구원 문제를 납득해야 합니다. 이 결심이 있다면 복 받은 자들입니다.

4장 \ 감각과 성숙

로마서에 대한 이해

로마서 4장에서 구원에 관한 이야기 중 뜻을 풀이하는 데 어려운 부분이 있습니다. 그러니 그 부분에 대해서는 제 나름대로 해석하였습니다. 제 나름대로 해석했다는 말은, 해석이 옳은지 그른지에 대한 언급이기보다는 본문 말씀은 제 해석보다 더 깊다는 이야기입니다. 하나님 말씀의 풍성함과 깊음은 이루 다 측량할 수가 없다는 말입니다.

우리는 성경의 어떤 부분에 대해서는 그 안에 담긴 뜻을 그럭 저럭 50% 이상 발견해 내는데, 어떤 대목에서는 10% 혹은 20% 밖에는 그 뜻을 읽어 낼 수 없습니다. 로마서 4장에서 살펴보려는 이 대목이 그렇습니다. 10%나 20%만으로 만족할 사람도 있겠지만, 나중에 다른 기회로 로마서를 다시 공부할 때 이번 장에서 공부하지 못한 내용을 알게 된다면 그것 또한 소중히 덧붙이길 바랍니다. 단지 이 내용이 전부인 줄 알고 있다가 다른 것을 들었을 때 누가 맞고 누가 틀린지를 따지는 어리석음은 없어야 합니다.

인류 역사상 로마서만큼 많은 사람이 손을 댄 책도 없을 것이고, 이만큼 파헤치고 또 파헤쳐도 그 안에 무엇인가가 또 남아 있는 책은 없을 것입니다. 성경은 하나님의 지혜와 능력에 대한 계시이기 때문에, 우리의 이해력와 경험으로는 그 뜻을 다 아는 것이 불가능합니다. 자녀들이 부모의 마음을 이해하는 것이 언제입니까? 부모가 되어서야 '부모님의 마음이 이랬겠구나' 하지 않습니까? 그런데 우리는 아무리 해도 하나님이 될 수는 없으니까 더하지 않겠습니까.

경건하지 않은 자를 의롭다 하심

구원의 조건이나 원인이 우리에게 없다는 사실을 설명하기 위해 믿음이라는 단어를 사용한다고 했습니다. 대표적 예로 아브라함이 할례를 받기 전에, 율법이 주어지기 전에 구원 얻은 사실을 통하여 구원은 우리의 조건과 관계가 없음을 성경이 확실히 증명한다고 했습니다.

이제 이 문제를 좀 더 분명히 하기 위해 질문을 하겠습니다.

구원을 얻는 사람은 의로운 사람입니까, 아니면 불의한 사람입니까? 바꿔 말하면 의로운 사람이 구원을 얻습니까? 불의한 사람이 얻습니까? 불의한 사람이 구원을 얻습니다. 불의했던 사람이 구원을 얻어서 의로워지는 것입니다. 그렇다면 구원을 얻는 때는 언제라고 생각합니까? 첫째, 불의한 사람이 의로워지려고 최소한의 노력을 하는 시점, 둘째, 그 과정을 통과해서 의로워진 시점, 셋째, 불의한 상태에 있는 시점.

정답은 불의한 상태에 있는 때입니다. 그때 구원을 얻습니다. 죄인이 회개할 때 구원을 얻는 것이 아니라 죄인일 때에 구원을 얻는다는 말입니다. 이것은 매우 중요한 사실인데 많은 사람이 오해하는 내용입니다. 불의하다는 것, 죄인이라는 것을 성경은 죽었다고 표현합니다. 죽었다는 것은 하나님을 알지 못한다는 뜻입니다. 하나님을 알지 못할 때 구원을 얻었다는 것은 구원의 조건이 그에게 없다는 말입니다.

예를 들어 앞에 시체가 있다고 합시다. 제가 그 시체에게 100m 정도 멀리 떨어진 고목나무까지 20초 내에 가면, 살려 주겠다고 했습니다. 이 이야기에서 저는 그 시체를 언제 살려 주는 것입니까? 그 시체는 출발해서 가는 동안에 구원을 얻는 것입니까, 목적지에 도착한 다음에 구원을 얻는 것입니까? 잘 생각해 보십시오. 이 말은 참으로 어긋나 있습니다. 시체가 어떻게 말을 알아들으며, 어떻게 움직여서 갈 수 있겠습니까.

구원 문제에 있어서 우리가 오해하는 것은 시체가 살아나기도 전에 움직일 수 있다고 생각하는 부분입니다. 시체는 일단 살아나야 합니다. 다리가 하나밖에 없거나 두 다리가 아예 없는 것과도 상관이 없습니다. 살아 있으면 다리가 없어도 굴러서라도 갈 수 있습니다. 중요한 사실은 죽어 있다는 점입니다. 이 비유를 통하여 구원의 조건은 사람에게 없음을 분명히 이해할 수 있습니다.

구원은 시체에게 생명이 생겨났음을 의미합니다. 구원을 얻기 전에 우리는 들을 수도, 움직일 수도 없는 시체에 불과했습니다. 이 부분에서 사람들이 많이 오해하는데 그것은 인간이 가진 죄의 본성과 관계됩니다. 즉 인간은 구원 문제에서 시체로 출발하지 않고 그 이상의 어떤 존재로 출발하려고 하는 것입니다.

로마서 4장 5절에서는 "일을 아니할지라도 경건하지 아니한 자를 의롭다 하시는 이를 믿는 자에게는 그의 믿음을 의로 여기시나니"라고 합니다. 경건해질 각오를 했다든가, 경건해지려고 노력을 했다든가, 경건해졌기 때문에 구원을 주신 것이 아니라 경건하지 않은 자를 의롭다고 하신 것입니다. 경건해지는 것은 결과이지 조건이 아닙니다. 이것을 로마서 5장 8절에서는 '우리가 아직 죄인 되었을 때에 그리스도께서 우리를 위하여 죽으'셨다고 합니다.

이렇게 로마서 4장, 5장에서도 우리가 구원을 얻은 때는 우리에게 구원에 대한 감각이 생기기 전이라는 사실을 강조합니다. 그런데도 신자들은 종종 '내가 저 고목나무까지 달려가는데 늘 5등 안에 못 들더라. 늘 뒤처지더라. 나는 아마 구원을 받기 어려운가 보다'라고 생각합니다. 이것은 신자들의 오해이며 '병'입니다. 달려서 등수 안에 드는 것은 살아난 다음 단계의 일이지, 구원 자체의 문제가 아님을 모르는 데서 오는 문제입니다.

많은 신자가 구원 얻은 후에 성장하는 문제와 구원 얻는 문제를 혼동합니다. 성장 부분에서 부끄러운 꼴 당한 것으로 자기의 구원에 대하여 회의한 나머지 '이제 교회를 떠나 교회 밖에서 변변찮은 사람들과 달리기를 해서 5등 안에 들면 다시 오지요'라고 하면서 떠납니다. 밖에 나가 보니까 밖에 있는 사람들과는 달라서 '나는 역시 믿는 사람이구나'라고 생각하고 다시 돌아옵니다. 그리고 또 다시 뒤처집니다. 그래서 또 나가고, 다시 들어오고 하는 것을 여러 번 반복하는 사람들이 있습니다. 그들은 구원 문제에 대하여 오해하여 그렇게 하는 것입니다. 로마서 4장 6절 이하를 다시 봅시다. "일한 것이 없이 하나님께 의로 여기심을 받는 사람의 복에 대하여 다윗이 말한 바"(6절)와 7절 이하의 말씀은 시편 32편에 있는 말씀입니다. '불법이 사함을 받고 죄가 가리어짐을 받는 사람들은 복이 있고 주께서 그 죄를 인정하지 아니하실 사람은 복이 있도다'(롬 4:7-8). 회개하는 자는 복이 있고, 주를 앙망하는 자는 복이 있는 자라는 등 능동태가 아닌 수동태입니다.

신자의 성장 단계에서는 회개 없이 주어지는 용서가 없습니다. 그러나 구원 문제에 대해서만은 이러한 조건 없이 용서를 받습니다. 구원을 얻은 다음 단계에서는 우리가 하나님의 자녀로 성장해야 하니까 하나님이 우리의 잘못을 용서해 주실 때 '이것은 네가 잘못한 것이다. 다시는 그러지 않겠다고 하거라'라는 다짐을 받습니다. 그런 후에 용서해 주십니다. 그래야 우리가 성장하기 때문입니다. 하나님이 싫어하는 것과 좋아하시는 것을 구별하는 안목이 우리에게 자라나도록 하기 위함입니다. 이 성장 영역에서의 용서와 시편 말씀에서 다윗이 말하는 복들, 즉 죄인이 죄를 사함받고 구원을 얻는 것은 성질이 다릅니다. 그런데 이 두 영역에서 쓰는 단어가 같아서 많은 신자가 오해합니다. 두 영역에서 모두 '믿음'과 '용서'라는 단어가 쓰입니다. 그런데 '믿음'도, '용서'도 두 영역에서 그 의미가 다릅니다.

구원 얻는 자체에는 우리에게 원인이 없지만 구원 얻은 다음부터는 우리에게 원인이 있습니다. 이미 다윗은 시편에서 이 문제에 관하여 기록함으로써 구원의 방법은 하나님의 변함없는 계획이요, 약속임을 증명합니다.

논리로 설명되지 않는 구원

앞에서 구원에 대한 시간 순서와 계획 순서는 다르다고 말했습니다. 구원에 대한 사실과 인식도 다르다고 했습니다. 이 문제는 구원을 확인하는 데도 적용됩니다. 구원을 확인하는 문제에 있어서 자주 나오는 대화를 살펴봅시다.

A 당신은 오늘 이 자리에서 죽어도 천국에 갈 것을 확신하십니까?

B 네, 확신합니다.

A 어떻게 확신하십니까?

B 성경이 그렇게 이야기하기 때문입니다.

이 대화에서는 결국 성경으로 구원에 대한 확인을 증명합니다. B의 말대로라면 성경이 객관적이라는 말이 됩니다. 그렇다면 성경은 객관적일 수 있습니까? 여기서 객관성이 있다는 말은 누구나 보고 나서 수긍할 수 있어야 하는데, 성경은 누구나 다 수긍하는 것이 아니므로 객관성이 없습니다. 성경을 수긍하지 못하는 사람은 이해가 부족하기 때문이 아니라, 성경이 객관적이지 않다고 생각하기에 수긍하지 못하는 것입니다.

성경은 이해해야 하는 대상이 아니라 믿어야 하는 대상입니다. 믿음의 대상을 두고 객관성을 증명할 수 있습니까? 말이 안 되는 것입니다. 그런데도 신자들은 이에 대해 자기 논리를 고집합니다. 마치 '중국집이 어디죠?' '약국 옆에 있습니다.' '약국은 어디인데요?' '여기에서부터 중국집 사이에 있어요'라는 말과 같습니다.

내가 왜 예수를 믿었는지에 대하여 근거가 없다는 사실을 아십니까? 어느 날 내가 예수를 믿고 있을 뿐이지 믿게 된 근거가 없습니다. 우리는 근거가 없어도 사실이라고 믿습니다. 성경이 그렇게 이야기하기 때문입니다. 이처럼 성경은 믿음의 대상입니다. 예수 그리스도도, 성경도 다 믿어야 하는 영역의 것들입니다. 말하자면 둘 다 객관성이 없습니다.

어떤 사실을 증명할 때 그 사실 자체가 객관성이 없으면, 객관성이 있는 다른 것으로 그 사실을 증명해야 합니다. 그런데 구원을 확인하는 데에 있어서는 전부 객관성이 없습니다. 신앙은 논리적으로 이해될 수 없기 때문입니다. 신앙은 논리로 설명되지 않습니다. 구원의 확신은 논리로 확인되는 부분이 아닙니다. 어느 날 내가 일어날 수 없는 일이 일어났다는 것을 믿고 있다는 사실보다 더 큰 기적은 이 세상에 없습니다. 우리는 그것을 자꾸 객관화하려고 우기는 것입니다.

구원의 확신을 논리적인 것으로 착각하면 '아! 내가 말도 안되는 일에 놓여 있구나'라는 사실을 모릅니다. 또 '내가 이렇게 잘 설명해 주는데도 믿지 않는 저 사람들은 바보구나'라고 생각합니다. 실은 그 사람들이 정상이고, 내가 거룩하게 미친 사람입니다. 거기에 우리의 감격이 있습니다. 이 감격을 놓치기 때문에, 구원을 논리로 설명하려다가 잘 안 되어 당황하는 것입니다. 이는 잘못입니다. 불신자와 신자 간의 차이는 정상적인 사람들과 매우 고귀한 신분의 사람들이라는 차이로 생각할 수 있습니다. 스스로 이 감격을 확인하고 놀라야 합니다.

우리의 구원은 객관적이지 않습니다. 구원은 내가 시체임을 몰랐다가 어느 날 갑자기 내가 시체였다는 사실에 대한 확인입니다. 내가 죄인이라면 생각하지도 못하고 감각할 수도 없는 부분을 감각하게 되는 것이 구원입니다.

감각의 차이

요한복음 9장에는 예수께서, 날 때부터 맹인이었던 자의 눈을 뜨게 하신 사건이 나옵니다. 맹인이 눈을 뜨자 유대인들이 매우 싫어합니다. 예수님이 맹인의 눈을 뜨게 한 것도 싫고, 예수께서 그런 기적을 일으키신다는 사실도 부정하고 싶어서 그 사람을 붙잡고 두 가지 질문을 합니다. 첫째는 '정말 예수라는 사람이 네 눈을 뜨게 해 주었느냐?'이고, 둘째는 '네가 정말 맹인이었느냐?'입니다. 예수님이 하지 않았으면 맹인이 눈을 떴어도 상관없고, 첫 번째 질문의 답이 확실하지 않으면 그가 원래 맹인이 아니었는데 눈을 감고 있다가 뜬 것이 아니냐고 우기려 한 것입니다. 맹인이었던 사람이 분위기를 보니까 정직하게 대답했다가는 화를 입을 것 같아 '나는 다른 것은 모르겠습니다. 옛날에는 안 보였는데 이제는 보입니다'라고 대답합니다.

　　그런데 이 대답은 참으로 적확한 대답입니다. 구원이란 바로 이와 같은 것입니다. 믿지 않은 죄인과 구원을 얻은 중생한 자의 차이는 감각 여부에 달려 있습니다. 살아난 자는 감각합니다. 생물학적으로 말하자면 촉각이 생기는 것입니다. 마치 촉각이 있듯이 영생과 영혼에 관하여 감각할 수 있습니다. 그런데 신자들은 이 부분에 대해서 시체가 20초 내에 100m 거리에 있는 목적지까지 가야 한다고 생각하듯 어떤 기술이나 노력으로 자신의 구원을 확인하고 싶어 합니다. 그러나 이는 기술이나 노력의 문제가 아니라, 시체인지 아닌지를 깨닫는 문제임을 알아야 합니다. 시체는 '가야 한다'는 말도 알아듣지 못하는 법입니다. 시체처럼 마냥 누워서 가지 않고 생각만 하는 사람이 있지만 그는 생각하고 있기에 시체가 아닙니다.

신자들 중에는 하나님이 하라는 것을 절대 하지 않고 자기 마음대로 살면서 '이러다가 내가 터지지. 하나님이 나 같은 사람을 놔두지 않으신다는데'라고 생각해서 마음대로 사는 것을 그치는 사람이 있습니다. 이런 사람도 감각이 있는 것입니다.

신자와 불신자 간의 가장 큰 차이는 불신자는 하나님에 대하여 전혀 감각이 없다는 것입니다. 예를 들면 불신자들은 '당신은 참 딱하기도 합니다. 왜 하나님을 믿습니까? 정 그렇게 할 일이 없으면 내 새끼손가락이나 믿으시오'라고 합니다. 그들은 하나님을 알면서 모욕하는 것이 아닙니다. 그들에게는 감각이 없기 때문에 그렇게 말하는 것입니다. 또 다른 이유가 있다면 죄가 영적인 문제에 대하여 배타적이기 때문입니다. 마치 햇빛을 향해 자라나게 되어 있는 주광성 식물이 빛이 오는 방향을 향하듯 신자는 하나님에게 향하지만, 하나님을 모르는 죄인들은 하나님에 대한 이야기나 영에 관한 이야기가 나오면 일단 감각이 그 반대편을 향하게 되는 것입니다. '나는 천당은 안 간다. 염라대왕에게 가서 그와 장기를 두는 게 더 낫다'라며 늘 거꾸로 말하는 그들은 하나님을 알면서 모욕하는 것이 아니라 하나님에 대한 감각이 없기 때문에 그러는 것입니다. 신자는 하나님 말씀에 반대하고 말씀대로 살지 않고 도망가면서도 하나님 편에 손 하나는 걸어 놓거나 귀 하나는 떼어 놓고 갑니다. 도망가면서도 한 눈은 하나님을 쳐다보면서 도망갑니다. 반면 죄인들은 의도하여 하나님에게 나오지 않는 것이 아니라, 하나님에 대한 감각이 아예 없습니다.

구원에 대한 인식

구원에 대한 인식 문제를 좀 더 살펴봅시다. 이 문제를 올바로 이해하는 것은 매우 중요합니다. 구원을 제대로 인식하지 못하면, 신앙이 있어도 불안합니다. 마치 벽돌을 쌓아 가는 과정에 있어서, 기초 벽돌을 제대로 놓아야 그 위에 다른 벽돌들을 튼튼히 쌓아 갈 수 있는데 기초 벽돌을 잘못 놓아서 평생 그것이 넘어질까 봐 기초 벽돌만을 붙잡고 있는 것과 같습니다. 위로 쌓아 갈 여유가 없는 것입니다. 대부분의 신자들이 이 실수를 합니다. 즉 평생토록 구원을 확인했다가 의심했다가, 잠깐 나가서 놀다 왔더니 그것이 무너져 있는 것 같아서 또 다시 일으켜 세우고 목사님을 데려다가 잠깐 붙잡고 계시라고 해 놓고 다시 놀다 들어오고 하는 일을 반복합니다. 참으로 안타까운 일 중 하나입니다. 그러므로 기초를 올바르게 쌓기 위해 구원에 대해 제대로 인식해야 합니다.

구원을 믿음으로 얻는다고 말할 때 그 '믿음'이란 구원 얻는 조건이 아니라고 여러 번 말했습니다. 그런데 얻은 구원을 확인하는 데 있어서, 그리고 영적 문제에 대하여 논리를 쌓아 가는 데 있어서 기초가 되는 단어는 '믿음'과 '회개'입니다. 이 말들로부터 우리는 구원에 대한 감각을 갖기 시작했고, 새로운 삶을 살기로 한 것입니다. 이것이 이전의 생애와 이후의 생애를 바꾸어 놓은 최초의 경험입니다. 신앙 영역으로 들어가는 데 있어 첫 분기점이 되는 인식이고, 경험이고, 중요한 내용입니다.

여기서 우리가 꼭 기억해야 할 것이 있습니다. 우리가 구원 얻은 것은, 예컨대 이제 '저기까지 뛰어갔다 오너라'라는 말을 들고 뛰어가는 자가 된 것은, 뛰기 전에 먼저 하나님이 살려 주셨기 때문입니다.

믿음을 갖고 회개하는 것 자체가 하나님이 이미 우리에게 구원을 허락하신 결과입니다. 우리는 하나님이 이미 시작하신 사실을 인식하고 경험할 뿐입니다. 회개가 신앙생활에서 갖는 최초의 인식이고 경험이며 또한 신앙 체계에서 가장 근본을 이루는 기초라 할지라도, 이는 진정한 기초가 아닙니다. 하나님이 우리를 구원하신 결과로 인해 우리가 느끼는 첫 감각일 뿐입니다. 하나님이 먼저 시체인 우리를 살려 주셔서 감각하는 것입니다. 내가 예수를 믿거나 회개한 것은 살아난 첫 증거에 불과합니다. 살아서 맞이하게 된 첫 경험이지 살아나게 된 조건이 아닙니다. 이 대목을 오해하지 마십시오.

감각을 가지고서 그 감각대로 사느냐 안 사느냐는 그 사람의 성격과도 관계가 있습니다. 책꽂이에 책이 똑바로 꽂혀 있지 않으면 잠을 못 자는 사람이 있는가 하면, 책이 다 흩어져 있어도 아무렇지 않은 사람이 있습니다. 감각대로 못 살았다고 해서 그 감각이 가짜는 아닙니다. 살아 있는 것은 가짜일 수 없습니다. 이 부분에서 속지 마십시오. 신앙생활을 함께해 나가다 보면 유난히도 감각이 예민한 사람이 있고 그렇지 않은 사람이 있습니다. 그 차이를 가지고 시비를 논할 필요는 없습니다. 구원에 대한 인식은 하나님이 하신 일에 대한 첫 감각에 불과하며 이미 살아났기 때문에 갖는 감각이라는 사실을 명심하기 바랍니다. 이 부분에 대하여 아브라함의 이야기로 조금 더 설명하겠습니다.

"그러므로 상속자가 되는 그것이 은혜에 속하기 위하여 믿음으로 되나니 이는 그 약속을 그 모든 후손에게 굳게 하려 하심이라 율법에 속한 자에게뿐만 아니라 아브라함의 믿음에 속한 자에게도 그러하니 아브라함은 우리 모든 사람의 조상이라 기록된 바 내가 너를 많은 민족의 조상으로 세웠다 하심과 같으니 그가 믿은 바 하나님은 죽은 자를 살리시며 없는 것을 있는 것으로 부르시는 이시니라"(롬 4:16-17).

이 대목은 창세기 15장에 있는 사건을 근거로 한 말씀입니다. 창세기 15장 5, 6절입니다. "그를 이끌고 밖으로 나가 이르시되 하늘을 우러러 뭇별을 셀 수 있나 보라 또 그에게 이르시되 네 자손이 이와 같으리라 아브람이 여호와를 믿으니 여호와께서 이를 그의 의로 여기시고."

아브라함이 하나님을 믿으니 하나님이 이를 그의 의로 여기셨다는 대목인데 이 부분은 뜻을 이해하기가 어렵습니다. 이 문장만 놓고 생각하면 아브라함이 구원 얻은 것은 그가 하나님을 믿었기 때문이라는 의미처럼 기록되었기 때문입니다. 더구나 그가 어떻게 하나님을 믿었는지에 대한 설명인 로마서 4장 17절에는 "기록된 바 내가 너를 많은 민족의 조상으로 세웠다 하심과 같으니 그가 믿은 바 하나님은 죽은 자를 살리시며 없는 것을 있는 것으로 부르시는 이시니라"라고 기록되어 있어 아브라함이 하나님에 대하여 어떠한 분인지를 알고 믿은 것처럼 보입니다. 18절 이하에는 "아브라함이 바랄 수 없는 중에 바라고 믿었으니 이는 네 후손이 이같으리라 하신 말씀대로 많은 민족의 조상이 되게 하려 하심이라 그가 백 세나 되어 자기 몸이 죽은 것 같고 사라의 태의 죽은 것 같음을 알고도 믿음이 약하여지지 아니하고 믿음이 없어 하나님의 약속을 의심하지 않고 믿음으로 견고하여져서 하나님께 영광을 돌리며 약속하신 그것을 또한 능히 이루실 줄을 확신하였으니 그러므로 그것이 그에게 의로 여겨졌느니라"(롬 4:18-22)라는 이야기가 계속해서 나옵니다. 즉 아브라함이 의롭다 함을 얻은 것은 하나님을 믿었기 때문이라는 기록입니다. 그런데 지금까지는 계속 믿어서 구원 얻는 것이 아니라고 설명했습니다. 그래서 이 대목은 어려운 부분으로, 자세히 살펴볼 필요가 있습니다.

이 부분은 이렇게 이해해야 합니다. 하나님이 아브라함에게 "내가 너의 자손을 이와 같이 하리라"라고 말씀하셨을 때 아브라함이 "네! 제가 믿습니다"라고 대답하자 이것을 들으신 하나님이 "오! 너가 눈을 떴구나"라고 확인하는 대목으로 보아야 할 것입니다. '의롭다'는 말은 우리가 눈 떴음을 확인하는 말입니다. 그러니까 하나님이 눈을 감고 있는 우리를 구원하십니다. 하나님이 눈 감고 있는 자 즉 불의한 자, 죄인을 예수 그리스도를 통하여 구원하십니다. 하나님은 우리가 아직 죄인이고 불의한 자일 때 구원을 베푸십니다. 구원을 베푸시는 방법은 이제까지 우리가 이야기해 왔던 믿음, 즉 우리에게는 원인이 없고 결과만 있는 그 믿음을 통해서입니다. 하나님이 이렇게 하심으로써 우리는 눈을 떠 하나님이 누구인지 알고 보게 됩니다.

성경에서 '눈을 떴다. 즉 중생했다'고 말하는 것은 하나님의 권속이 되었다는 뜻입니다. 하나님 편에 설 수 밖에 없는 존재가 된 것입니다. 그리고 구원 얻은 결과로 믿음이 생깁니다. 이때의 믿음은 앞에서 언급한 믿음과는 다른 믿음입니다. 앞에서 언급한 믿음을 A라고 하고, 결과로서 갖게 되는 믿음을 B라고 합시다. 믿음A는 하나님이 우리를 구원하시는 방법으로서의 믿음이고 믿음B는 우리가 눈을 떴기 때문에 보아야 하고 신뢰해야 하고 우리를 맡겨야 하는 것으로, 보통 우리가 표현하는 믿음입니다. 믿음B는 믿음A의 결과입니다. 믿음A를 얻은 자만이 자기 발로 출발하고 성장하는 길을 걷기 시작합니다. 많은 시행착오를 겪고 무서운 징계를 받기도 하면서 성장합니다. 이 영역에서 그가 얼마큼 하나님을 신뢰하며 길을 걸을 것인지는 그의 성장에 비례합니다. 성장하면 하나님을 더욱 알게 됩니다. 또 하나님을 아는 것과 믿는 것에 비례하여 그의 성장이 진전됩니다. 아브라함이 하나님을 믿음으로 하나님이 이를 그의 의로 여기셨다는 내용이 바로 이 대목입니다. 이 대목에 나온 아브라함의 믿음이 믿음B입니다. 하나님이 아브라함을 갈대아 우르에서 불러내실 때에 아브라함은 이 믿음이 없었습니다. 그런 아브라함을 하나님이 출발하게 하셨습니다. 창세기 15장에 이르러서야 비로소 아브라함은 자신을 이끌어 주신 분이 누구인지 알고 보게 되어 드디어 믿는 자리에 옵니다. 아브라함 사건을 자세히 살펴보면 이 부분이 확연하게 드러납니다.

이 세상이 끝나면 다음 세상이 오는데 이 세상과 다음 세상은 예수 그리스도의 재림을 기점으로 나눕니다. 또한 이 세대와 앞으로 오는 세대는 예수 그리스도의 재림으로만 구별되지 않고 그의 부활 사건을 기점으로 하여 구별됩니다. 이 세대가 아직 없어지지 않았는데도 불구하고 예수께서 오심으로 말미암아, 어떤 의미에서는 앞으로 올 세대가 이미 시작되었으므로 지금 이 신약시대는 두 세대의 중첩 기간인 것입니다. 이 세대의 사람과 오는 세대의 사람 간의 차이에 대하여 고린도전서 15장 말씀대로 이야기하면, 이 세대의 사람은 죽을 육체, 썩을 육체를 가진 사람이며 오는 세대의 사람은 천국에 들어갈 사람들로서 변화한 영의 몸, 신령한 몸을 가진 사람입니다. 즉 후자는 이 땅에서 죽을 몸이 아니라 신령한 몸이 되어서 죽지 않을 것으로 덧입혀지는 몸입니다. 이 부분에 대하여 요엘서에서는 '내가 내 영을 만민에게 부어 주겠다'라는 말로 증명합니다.

'너희 자녀들이 장래 일을 말할 것이며 너희 늙은이는 꿈을 꾸며 너희 젊은이는 이상을 볼 것이며'(욜 2:28). 이렇듯 현재 살고 있는 모든 신자는 성령님을 모시고 있습니다. 그것을 깨닫든지 못 깨닫든지 상관없이 하나님이 자녀로 부르신 자들 안에는 성령님이 들어와 계십니다. 성령님이 들어와 계시다는 것은, 그 사람은 결국 신령한 몸으로 바뀔 자라는 상징이기도 합니다. 아직 우리는 신령한 몸으로 바뀌지 않았지만 앞으로 그렇게 될 자들입니다. 이 세대이면서 동시에 오는 세대 곧 하나님 나라에 속한 자들입니다.

아브라함 사건을 통해 보듯, 성경은 구원 문제를 이야기할 때 하나님이 우리에게 구원을 베푸셨다는 사실과 구원에 대한 우리의 인식을 구분하여 설명합니다. 성경이 이렇게 구분하는 이유는 그다음 완성의 단계로 가기 위해서입니다. 예수 그리스도께서 부활하셔서 우리도 부활할 것이라는 증거와 약속을 깨달았듯이, 또 성령님이 우리 안에 계셔서 우리가 변화될 몸이며 하나님 나라에 소속된 사람임을 알게 되었듯이, 구원 문제에 있어서도 하나님이 우리를 구원하신 실제 사건과 그 결과로 우리가 하나님을 믿고 구원을 확신하게 되는 인식을 구분하는 것이 중요합니다. 그래야만 다음 단계의 완성을 향해 나아갈 수 있기 때문입니다.

부활 사건의 의미

로마서 4장 25절에서는 "예수는 우리가 범죄한 것 때문에 내줌이 되고 또한 우리를 의롭다 하시기 위하여 살아나셨느니라"라고 합니다. 즉 구속 사건에 있어서 예수 그리스도의 십자가는 이중성을 가집니다. 첫째는 '속죄'의 뜻이며, 둘째는 '새 창조'의 뜻입니다.

구약시대 이야기로 예수 그리스도의 죽음과 부활 사건에 대해 설명할 수 있습니다. 구약시대 이스라엘 제사법에 의하면 1년에 한 번씩 대제사장이 지성소에 들어갑니다. 이때 대제사장은 이스라엘 민족의 모든 죄를 속죄하기 위하여 속죄 제물의 피를 가지고 들어갑니다. 그때 옷자락이 발끝까지 내려오는 긴 옷을 입는데, 옷자락 둘레에는 방울과 석류가 번갈아 가며 달려 있습니다. 옷에 방울을 달아 놓은 것은 움직일 때 소리를 듣기 위해서입니다. 또 소리가 나지 않게 될 사건을 암시하기도 합니다. 즉 제사장이 죽는 일입니다.

지성소란 공의로우신 하나님 앞에 죗값을 들고 들어가야 하는 자리로서, 만일 그 자리에서 죄인의 죗값을 치르지 않으면 그곳에 들어간 제사장이 그 죗값으로 죽어야 합니다. 죗값으로 가지고 들어간 속죄 제물이 받아들여지면 그는 살아남고 그것이 부족하면 죽습니다. 이스라엘 백성은 지성소 밖에서 속죄 제물을 가지고 들어간 제사장이 살아 나오기를 기다립니다. 제사장이 살아 나오지 못하면 죄 사함을 받지 못한 증거로, 죗값을 다 치르지 못한 것이고 제사장이 살아 나오면 죗값을 다 치른 것으로, 백성이 기뻐할 수 있는 것입니다.

마찬가지로 예수 그리스도의 십자가 사건에도, 예수께서 우리의 죗값을 대신 치르심으로 이제 우리는 죄인이 아닌 새 사람이라는 사실과 새 사람으로서의 삶이 가능하다는 사실이 동시에 포함되어 있습니다. 우리 죄가 없어졌을 뿐만 아니라, 우리가 하나님의 자녀로서 살게 된 것이 십자가 사건의 큰 역할입니다. 예수 그리스도는 우리의 죗값을 위한 속죄 제물인 동시에 제사장이십니다. 부활 사건은 그가 바친 제물이 완벽했다는 사실을 보여 줍니다. 예수께서 부활하심으로 우리는 이제 죄 없이 하나님 앞에 담대히 나아갈 수 있게 되었습니다. 그는 '우리가 범죄한 것 때문에 내줌이 되고 또한 우리를 의롭다 하시기 위하여 살아나셨'습니다(롬 4:25).

성장을 위한 믿음

우리가 처음 갖는 신앙의 감각과 인식과 경험은 앞에서 언급한 믿음A의 결과입니다. 우리가 예수 그리스도를 믿게 된 것은 하나님이 우리를 구원하신 결과이지 나에게 조건이 있지 않습니다. 이 결과는 또 한 번의 출발을 낳습니다. 우리로 새 인생을 출발하게 합니다. 우리는 여기서부터 '새 출발'을 합니다. 이제부터는 신자로서 살아가는 것입니다. 이제는 하나님을 아는 자로서, 하나님을 기쁘게 하는 자로서 살아야 합니다. 죽었다가 살아난 후, 즉 출생 후 성장 영역에 있습니다. 이 영역에서는, 죽은 자를 살리시며 없는 것을 있는 것같이 부르시는 하나님에 대한 믿음을 가지고 출발합니다. 여기서 '믿음'은 구원의 결과로 생긴 믿음이므로 하나님이 누구신지를 아는 것이지, 구원을 어떻게 얻었는지에 대한 것이 아닙니다. 이 시점에서는 '하나님이 이런 분이구나'에 대해 인식해야 합니다. '내가 이래서 구원을 얻었구나'에 대해 인식하는 단계는 이미 지났습니다. '하나님은 이런 분이구나. 그래서 하나님은 이런 것을 좋아하시는구나. 그런데 나는 그렇게 못하는구나' 같은 인식입니다. 구원을 얻었기 때문에 하나님에 대하여 알게 된 믿음은 성장을 위한 출발점이지 구원 얻은 조건이나 근거가 아닙니다.

이제 우리는 예수 그리스도께서 우리에게 이루어 주신 일이 무엇인지를 알아야 합니다. 그래서 성경은 늘 '너희가 행위로 구원을 얻은 것이 아니라 예수 그리스도의 십자가로 구원을 얻었으니 이것은 너희에게서 난 것이 아니요 하나님의 은혜요 선물이다. 그러나 너희가 열심히 일해야 한다'라고 말씀합니다. 앞에서도 언급했듯 믿음A가 아니라 한 걸음 진전된 믿음B를 갖게 된 성장 영역에서 가장 신경 써야 할 부분은, 성경에 기록된 모든 사건에서 하나님이 어떤 분인지를 더 많이 아는 것입니다. 이를 일차적인 목표로 세워야 합니다.

하나님이 누구신지에 대하여 로마서 4장 17절에서는 '죽은 자를 살리시며 없는 것을 있는 것으로 부르시는 이'라고 합니다. 이보다 더 무서운 표현은 없을 것입니다. 하나님은 전능하신 분입니다.

신자에게 가장 큰 병이 있다면 떠안을 필요가 없는 믿음A를 떠안고, 실제로 가져야 하는 믿음B는 제쳐 두는 것입니다. 믿음A에 얽매일 필요가 없는데도 '믿습니다. 저를 구원하실 것을 믿습니다!'라고 하며 매여 있고, 정작 가져야 하는 믿음B는 생각하지 못합니다. 이 두 영역에 대한 혼동이 그다음 단계에서 필요한 성장을 방해하기 때문에 이 문제를 자꾸 설명하고 강조하는 것입니다. 이제 성장 영역에 들어선 신자가 범하기 쉬운 오류들을 살펴봅시다.

신앙의 대상과 내용

신자는 신앙을 자기의 '소망 사항'으로 이끌어 가는 경향이 있습니다. 그러나 필요를 구하는 것은 신앙이 아닙니다. 신앙의 내용은 물건이나 일이나 약속 따위가 아닙니다. 신앙의 내용은 이러한 것들을 이루시는 대상 자체여야 합니다.

　믿음이라는 단어는 의지력을 가진 인격자에 한해서만 쓰는 것이지 무인격적인 것에 사용하지 않습니다. 무인격적인 것이 대상일 경우에는 '사실'이나 '과학'이라는 단어를 사용합니다. 또 그것은 통계이고 결과이지, 믿음이라고 하지 않습니다. 믿음 이라는 단어가 갖는 특성 중 하나는 어떤 일을 의지로 하고야 만 다는 신실성입니다. 하나님이 나에게 복 주실 것이라는 내용을 신앙하는 것이 아니라 그것을 약속하시고 그 약속을 반드시 이 루시고야 마는 분을 신앙하는 것입니다. 자신의 소망 사항이 신 앙의 대상이 되는 것은 잘못입니다. '나는 이것이 필요합니다. 나는 키가 크고 싶습니다. 키를 키워 주실 줄 믿습니다. 하나님! 주시옵소서' 하며 필요성을 강조하는 것은 신앙이 아닙니다. '하 나님! 이것을 꼭 이루어 주시기를 원합니다. 해 주실 것을 믿습 니다'라는 말은 '이것은 나에게 너무나 필요한 것이니까, 해 주 셔야만 합니다. 그러니까 저는 믿습니다'라는 말의 다른 표현일 뿐입니다. 이는 채권자가 하는 말입니다. 마치 빌려 준 돈을 받으 러 간 것처럼, 나에게 필요하니까 하나님이 꼭 해 주셔야 한다는 법이 어디 있습니까?

　하나님만이 언제나 신앙의 대상입니다. 신앙의 내용도 하나 님뿐입니다. 그러므로 하나님이 어떤 분인지를 아는 것보다 더 중요한 일은 없습니다. '하나님, 내일 권투 시합이 있는데 제가 이기도록 손을 20cm만 길게 만들어 주십시오'라는 간구는 자기 의 필요에 의한 것입니다. 이는 신앙적 요구가 아닙니다. 또한 그 필요가 동네 골목대장이 되고자 하는 문제 따위라면, 그것은 하나님과 아무 관계가 없는 것이므로 정상적인 사고를 가진 사람에게는 오히려 신앙에 대해 회의가 일어납니다. '믿습니다'를 백번 외침으로써, 혹은 마루를 치면서 큰소리를 냄으로써, 정신을 몽롱하게 만드는 경우를 종종 봅니다. 사고력을 마비시켜서 그 회의감을 무디게 만듭니다. 이것은 신앙이 아닙니다. 속지 마십시오. 스스로에게 최면을 걸지 마십시오. 신앙이란 내가 나를 설득하는 것이 아니며, 내가 하나님을 설득하는 것도 아닙니다. 신앙은 하나님이 나를 설복하시는 것입니다.

창세기 15장의 아브라함 사건은 이 문제를 분명하게 보여 줍니다. 여기서 아브라함이 하나님을 믿은 것은 하나님을 한번 믿어 보기로 한 도박 행위가 아닙니다. 그가 드디어 납득하게 된 것입니다. 하나님이 그렇다면 무조건 맞다고 합니다. 이것이 믿음입니다. 하나님이 하신 일이라면 무엇이든 옳다는 것입니다.

내 생각은 이래야 하는데 하나님은 저래야 한다고 하실 때, 자연히 납득되어 '하나님이 언제나 옳습니다'라고 하는 것이 신앙입니다. 성경의 모든 기록은 '하나님은 과연 우리가 항복할 만한 분인가'에 대한 내용입니다. 아브라함, 야곱, 모세에 대한 내용들도 모두 그렇습니다.

모세가 하나님에게 여러 번 말대답하고 하나님의 뜻을 거부했던 사실을 기억합니까? 그런 그가 신명기를 썼습니다. 이런 면에서 성경은 참 재미있습니다. 사람은 처음부터 믿음의 사람으로 태어나는 것이 아니라 하나님 안에서 믿음의 사람이 됩니다.

하나님이 아브라함에게 백 세에 얻은 아들을 바치라고 하자 아브라함이 '예'라고 대답합니다. 하나님에게 얼마나 푹 빠졌으면, 하나님 앞에 얼마나 설득당했으면 그랬을까 싶습니다. 믿음은 그런 것입니다. 하나님은 우리가 항복하기에 마땅한 분입니다. 그것을 표현하는 것이 신앙입니다. 이 신앙을 가지십시오.

성숙한 신앙 이해

흔히 신앙 문제에 대하여 이런 자세를 가진 사람이 있습니다. '우리가 생활하는 데 있어서 믿음은 언제나 전제 조건이다. 일단 믿음으로 출발하지 않으면 아무것도 안 된다'라는 자세입니다. 그들은 '당신이 의자에 앉을 때에도 의자가 부서지지 않을 것을 믿고 앉지 않습니까? 천장이 내려앉지 않을 것을 믿고 앉아 있듯이 일단 믿고 시작하는 수밖에 없습니다. 일단 하나님을 한번 믿어 보시지요!'라고 합니다. 이 말은 올바른 표현이지만 제대로 알고 써야 합니다. 이 말은 믿음이라는 행위를 구원의 조건으로 여기고 구원의 원인이 자기에게 있다고 생각해서 주로 사용하는 말입니다. '한번 믿어 보시면 구원이 옵니다. 믿으면 복을 받습니다' 하는 말처럼, 하나님을 믿어서 복이 뚝 떨어진다면 그것은 저주입니다. 하나님은 그렇게 응답하지 않으십니다. 우리의 믿음은 조건이 아니기 때문입니다. 믿음이란, 구원의 결과로서 그 다음 단계로 가는 데 원인이 되는 것이지 구원을 이루어 내는 조건이 아닙니다.

이와 같은 논리에 대하여 마틴 로이드 존스(Martyn Lioyd Jones)는 '그것은 통계이고, 확률이다'라고 날카롭게 비평했습니다. 의자에 앉을 때 의자가 부서지지 않을 것을 믿고 앉는 것이 아니라 보면 아는 것이고, 특별한 일이 없는 한 천장이 내려앉지 않는다는 것입니다. 그런 것을 머릿속에서 깊이 생각하고 계산할 필요는 없다는 말입니다. 예를 들어 42번 버스를 타면 신세계백화점으로 갑니다. 42번 버스 운전사가 갑자기 남산으로 올라가겠습니까? 당연한 것을 믿음이라고 지칭하면 안 됩니다. 그런데 '믿음'이라는 단어를 왜 이렇게까지 궁색하게 써야 하는지에 대해서는 생각해 볼 문제입니다.

조건 없이 얻은 구원에 대해 우리가 접근할 수 없는 영역이라고 결론지으면, '전도할 필요가 없지 않습니까'라는 질문이 가장 먼저 대두됩니다.

또한 우리는 어떤 사람이 구원받을지 모릅니다. 그러나 그것은 오히려 잘된 일입니다. 만일 하나님이 우리에게 '이 사람은 택한 자, 저 사람은 택함받지 못한 자'라고 알려 주신다면 우리는 전도할 필요가 없습니다. 하나님이 우리를 구속 사역의 동역자로 대접하여 그 결과를 감추어 놓으신 사실에 기뻐해야 합니다. '그러면 전도를 하든 안 하든 똑같네?'라고 묻는 사람이 있습니다. 이 말은 놀고 싶다는 이야기에 불과합니다.

우리는 우리가 할 수 있는 영역과 우리가 이해해야 할 영역을 분리해야 합니다. 우리는 하나님을 알게 된 사실에 대하여 세상 사람들이 알아듣도록 설명할 수가 없습니다. '주 예수를 믿으라.

그리하면 너와 네 집이 구원을 얻으리라' 하고 외칠 수밖에 없습니다. 이보다 더 잘 설명할 수 있는 말은 없습니다. 그래서 이렇게 선포할 수밖에 없는 것입니다. 가장 중요한 것은 우리가 하나님이 허락하신 은혜로 말미암아 분명한 결과를 갖게 된 사람들이라는 사실입니다. 그것은 또한 출발점이라는 것을 잊지 마십시오. '하나님은 보통 이런 식으로 일하시더라. 또 저런 식은 안 좋아하시더라'와 같은 하나님의 성격에 대한 감각이 늘어나야 합니다.

하나님의 성품에 대해 이야기할 때 '성경 어느 구절에서 이렇게 말씀하셨어!'라고 하는 것은 유치한 단계입니다. 글을 읽을 때는 행간을 읽을 줄 알아야 한다고 하지 않습니까? 성경은 해석해야 하는 책입니다. 성경은 인격자의 발언이기 때문입니다. 부모가 "맘대로 해"라고 했다고 정말 마음대로 했다가 쫓겨나는 경우가 있습니다. "밥 먹지 마!"라고 했다고 '아! 내가 공부를 못해서 우리 아버지를 슬프게 했구나. 내가 공부는 못했어도 밥 먹지 말라는 말씀만은 꼭 지켜서 효도하리라'라고 했다면 이것만큼 몰상식한 경우는 없습니다.

성경이 인격자의 발언이라는 사실을 기억하여 안목을 가져야 합니다. 하나님이 어떤 분이신지, 하나님의 성품에 대해 더 알아가야 합니다. 이것이 신자를 성숙하게 하고 높은 수준에 이르게 하고 하나님을 더욱 더 사랑하게 하며 신앙생활의 재미를 맛보게 할 것이라 믿습니다.

5장 \ 칭의와

영화

칭의, 성화, 영화

구원에 관한 이야기 중 가장 많이 등장하는 단어가 있다면 '칭의', '성화', '영화'입니다. 구원에 관하여 칭의라는 대목, 성화라는 대목, 영화라는 대목 이 셋으로 구분하여 이야기합니다.

'성화'는 거룩하게 되어 가는 과정을 의미합니다. 즉 거룩을 향하여 가고 있다는 뜻입니다. 거룩해진 것은 성화가 아니라 '영화'라고 합니다. 대부분의 사람들이 성화를 영화로 오해하는데, 성화 단계란 거룩해지기 위해서 오늘 엉망인 부분을 고침받는 현시점입니다. 그래서 영화 단계에서 볼 때 성화 과정에 있는 사람은 많은 흠을 지니고 있습니다.

로마서 1장에서 8장까지 구원에 관한 설명 중 4장까지는 '칭의'에 관한 부분이고 5장부터 8장까지는 '성화'에 관한 이야기라고 흔히 이해합니다. 그런데 1장부터 4장까지가 칭의 대목이라는 데에는 시비가 없지만 5장부터 8장까지에 대해서는 논란이 많습니다.

영화 단계는 세상에 사는 동안에는 경험하지 못하고 천국에 가서야 경험할 수 있습니다. 세상에서는 칭의와 성화 단계까지만 경험할 수 있습니다. 우리는 모두 성화 단계입니다. 제가 누구보다 조금 앞서 있을 수도 있고 어떤 사람이 저보다 훨씬 더 앞에 있을 수도 있습니다. 그런데 별 차이가 없어 보이는 것은 우리는 모두 완성을 향하여 가고 있지, 완성된 사람이 아니기 때문입니다. 부산으로 가고 있다는 말은 부산에 도착했다는 말과 다릅니다. 두 사람이 모두 부산으로 가야 하는데, 한 사람은 지금 방배동에 있습니다. 그에게 부산까지 어떻게 갈지를 물었더니, 과천을 거쳐 수원으로 가서 걸어가겠다고 합니다. 오래 걸리겠지만 그가 부산으로 가고 있는 것만은 사실입니다. 즉 영화를 향한 성화의 과정에 있습니다. 또 다른 사람은 지금 밀양에 있습니다. 둘다 아직 부산에 도착하지 않은 것은 마찬가지입니다. 모두가 출발은 했지만 도착하지 못하고 중도에 있습니다.

갑자기 이 이야기를 꺼내는 것은 로마서 전체를 공부하는 데 이와 같은 이해가 필요하기 때문입니다. 4장까지에서 사도 바울은 구원에 대해, 우리에게는 구원 얻을 조건이 없으며 하나님이 거저 주시는 은혜로 말미암아 얻게 되는 것이라고 이야기합니다. 5장에서는 "그러므로 우리가 믿음으로 의롭다 하심을 받았으니 우리 주 예수 그리스도로 말미암아 하나님과 화평을 누리자 또한 그로 말미암아 우리가 믿음으로 서 있는 이 은혜에 들어감을 얻었으며 하나님의 영광을 바라고 즐거워하느니라"(롬 5:1-2)라고 말씀합니다. 이 구절에서 '그러므로'는 매우 중요한 단어입니다. 1장에서 4장까지 이야기들을 '그러므로'라는 다리를 통해서 이어 갑니다. '그러므로 우리가 믿음으로 의롭다 하심을 받았으니'라고 하여 구원은 내 조건과 상관없이 하나님이 이루어 주셨다고 합니다.

칭의 단계에서 믿음은, 내가 꺼내 놓은 방법론이 아니라 하나님이 조건 없이 주신 하나님의 방법으로 '믿음A'입니다. 그 믿음이 우리를 의롭다고 한다면, 성화 단계에서는 눈을 뜬 자가 하나님을 신뢰함으로써 하나님이 하라고 하시는 것을 좇아가는, 즉 '믿음B'의 생활을 하게 됩니다. 그 믿음 생활을 성화 단계에서 합니다. 칭의 단계에서 받은 믿음과 성화 단계에서 요구받는 믿음은 전혀 다릅니다. 전자의 경우에는 눈을 감은 상태로, 눈을 뜰 수 있는 방법이 없을 때 주어졌습니다. 그러나 후자의 경우에는 눈을 떴으므로 이제는 본 것을 실천하는 일이 요구됩니다.

로마서 1장부터 4장까지 이야기가 5장으로 연결되는데, 우리 생각에는 5장 시작이 '너희가 믿음으로 구원을 얻어서 눈을 떴으니까, 이제는 하나님이 너희를 살리신 구원과 너희에게 알게 하신 것을 따라 살아라' 하는 요구여야, 성화 단계로 들어가기 위한 연결이 될 것 같습니다. 그런데 그렇게 나오지 않고 2절에 "또한 그로 말미암아 우리가 믿음으로 서 있는 이 은혜에 들어감을 얻었으며 하나님의 영광을 바라고 즐거워하느니라"라고 합니다. '성화'로 가지 않고 '영광'의 대목으로 들어갑니다. 로마서에서 가장 중요한 두 산맥이 있다면, 칭의와 성화가 아니라 칭의와 영화입니다. 이렇듯 사도 바울은 로마서에서 구원을 얻은 우리는 어떻게 살아야 하는지에 대하여 이야기해 나가지 않고, 하나님의 구원 사역이 어디부터 어디까지인지를 이야기합니다. 로마서 8장도 살펴봅시다.

"그러므로 이제 그리스도 예수 안에 있는 자에게는 결코 정죄함이 없나니 이는 그리스도 예수 안에 있는 생명의 성령의 법이 죄와 사망의 법에서 너를 해방하였음이라"(롬 8:1-2). 이 이야기를 하는 이유는 무엇입니까? '오호라 나는 곤고한 사람이로다. 나는 선한 일을 하고 싶은 마음은 갖고 있으나 그렇게 살지 못한다. 나는 늘 죄 아래 팔려 간다'(롬 7:24)라는 앞의 이야기를 이어가기 위해서입니다.

만일 이 대목이 성화에 관한 부분이라면, '너희 믿음이 어디에 있느냐. 힘껏 싸워 이겨야 하지 않겠느냐' 하는 지적이 나와야 합니다. 그런데 로마서 8장은 우리가 힘써야 한다는 이야기로 전개되지 않고 하나님이 손수 하신다는 내용으로 전개됩니다. 즉 로마서 1장부터 4장까지는 칭의 이야기를 하며, 5장부터 8장까지는 구원은 용서받는 것, 즉 칭의를 얻는 구속 사역만이 아니라 하나님의 자녀로서 영광의 자리까지 가는 것이라고 합니다. 그래서 로마서 5장 초두에서는 '그러므로'로 연결되어 '우리가 믿음으로 말미암아 구원을 얻었으니 영광의 자리까지 갈 수 밖에 없다'라고 하는 것입니다.

성화에 대하여 이야기하는 것이라면 '구원을 얻었으니, 이제 너를 구원하신 그분을 기쁘게 하는 자가 되라'라고 해야 할 텐데, 여기서는 '너희가 구원을 어떻게 받았는지 보아라. 너희 힘으로 받은 것이 아니지 않느냐? 너희 힘으로 구원을 얻지 않은 것과 마찬가지로 구원의 완성도 하나님이 이루신다'라는 대목으로 이어집니다. 5장 2절 말씀에 '하나님의 영광을 바라고 즐거워하느니라'라는 대목이 나옵니다. 성화는 내가 한 만큼 진전하는 것입니다. 내가 열을 하면 열만큼 진전하고, 스물을 하면 스물만큼 진전하는 것이 성화 단계에서의 이론입니다. 그런데 하나님의 영광을 바라고 즐거워한다는 말씀은 나에게 그곳까지 갈 조건이 없어도 나는 갈 수밖에 없다는 뜻입니다. 즉 영화 단계의 이야기입니다. 마치 크리스마스가 두 달밖에 안 남았는데 열심히 살면 크리스마스가 빨리 오고 열심히 안 살면 늦게 오는 것이 아니라, 누구에게나 똑같이 하루하루가 지나서 그날이 오는 것과 같이 '영광을 바라고 즐거워한다'는 말은 내 노력과 관계없이 마침내 오고야 말 영광이 약속으로 주어진다는 것입니다.

구원의 확실성과 최종성

"다만 이뿐 아니라 우리가 환난 중에도 즐거워하나니 이는 환난은 인내를, 인내는 연단을, 연단은 소망을 이루는 줄 앎이로다 소망이 우리를 부끄럽게 하지 아니함은 우리에게 주신 성령으로 말미암아 하나님의 사랑이 우리 마음에 부은 바 됨이니 우리가 아직 연약할 때에 기약대로 그리스도께서 경건하지 않은 자를 위하여 죽으셨도다 의인을 위하여 죽는 자가 쉽지 않고 선인을 위하여 용감히 죽는 자가 혹 있거니와 우리가 아직 죄인 되었을 때에 그리스도께서 우리를 위하여 죽으심으로 하나님께서 우리에 대한 자기의 사랑을 확증하셨느니라"(롬 5:3-8).

로마서 5장 3절부터 5절에는 성화 단계의 모습에 대해 나옵니다. 우리가 어떤 과정을 통과할지에 대하여, 환난 중에도 즐거워하고 인내, 연단, 소망을 이룰 것이라고 합니다. 성화는 영광에 이르는 자리의 한 과정으로 잠깐씩 나타날 뿐 그것이 목적은 아닙니다. 이 대목이 말하는 핵심은 '이 과정을 통과해 결국에는 영광의 자리에 가고 말 것이다'입니다. 하나님이 우리를 구원하신 것처럼 우리를 영광의 자리까지 이끌어 가신다는 것입니다.

하나님이 당신의 자녀인 우리를 영광스러운 자리까지 끌고 가십니다. 우리는 구원에 있어서 하나님이 하시는 일에 대해 우리에게 죄사함을 주시는 것, 우리를 하나님의 자녀로 만드시는 것, 우리를 천국 백성으로 만드시는 것 정도로만 생각합니다. 그 다음은 내가 열심히 살아야 하는 성화 과정이 있을 뿐이라고 여깁니다. 그러나 구원의 내용은 칭의만을 지칭하지 않고 하나님의 자녀가 되는 과정 모두를 포함합니다.

구원이란 길을 가던 조각가가 모닥불 속에 불붙는 나무를 보고 '내가 저것으로 비너스를 만들겠다'라고 결심한 것과 같습니다. 그 조각가는 먼저 무엇을 해야 합니까? 불에서 나무를 꺼내야 합니다. 불에서 나무를 꺼낸 것은 비너스를 만들기 위한 첫 행동입니다. 나무 입장에서 보면, 불에서 나온 상태에서 '너는 조각품이 되고 말 것이다'라는 말을 들은 것과 같습니다. 그렇게 될 것이 아니라면 조각가가 그것을 불 속에서 꺼내지 않았을 것입니다. 꺼낸 다음에 내버리지 않는다는 말입니다. 꺼낸 후에는 그것으로 무엇인가를 만듭니다. 아름다운 비너스를 만들고 말 것입니다.

로마서는 이 같은 관점에서 쓰였습니다. 구원을 바라보는 관점은 두 개인데, 하나님의 관점과 인간의 관점입니다. 인간의 관점은 자신의 인식과 경험에 있고 하나님의 관점은 목표에 있습니다. 즉 하나님의 관심은 '내가 무엇을 만들 것이다'이고 인간의 관심은 어디부터 시작해서 어디를 거쳐 어디로 가는지입니다. 그래서 우리에게는 목적지보다 과정에 대한 간증과 감격이 많을 수밖에 없습니다. 하나님의 관심은 목적지입니다. 마치 어디를 갈 때 길을 아는 사람과 모르는 사람의 차이와 같습니다. 길을 아는 사람은 쭉 가면 있다는 사실을 압니다. 길을 모르는 사람은 한없이 가다가 다른 곳으로 갈지도 몰라 불안해합니다. 길을 아는 사람이 500m를 걸어가는 것과 길을 모르는 사람이 500m를 걸어가는 것은 차이가 큽니다. 길을 모르는 사람은 가는 동안 나오는 모든 갈림길이 다 가능성 있어 보이기 때문에 500m가 5km나 50km로 느껴지기도 합니다. 로마서는 하나님의 관점으로 쓰여 있습니다. 로마서 내용의 핵심은 '이와 같이 하나님이 그곳까지 이끌고 가실 것이다'입니다.

구원이 이루어지는 방법에 관하여 오해하는 이들이 있습니다. 그들은 자기가 스스로 믿었다고 합니다. 본인은 실제로 예수를 영접하고 믿기로 결단했습니다. 그러나 성경이 하는 이야기를 풀어 보면 자기가 경험한 것과 사실이 다름을 알게 됩니다. 대부분의 사람들은 자기가 눈을 뜨기 전에 예수님을 자기 집으로 영접했다고 생각합니다. 그러나 우리가 예수님을 맞아들였기 때문에 눈을 뜨게 된 것이 아니라 먼저 눈이 뜨여서 예수님을 맞아들인 것입니다. 그런데 눈이 뜨인 그 순간, 예수님을 처음 보고 맞이할 그 시점에서 예수님을 만나게 됩니다. 동시에 일어났기 때문에 '눈 뜸'과 '맞아들임'의 순서를 혼동합니다. 그래서 예수 그리스도를 영접했더니 눈이 떠졌다고 이야기합니다. 올바른 순서는 눈이 떠진 후에 영접한 것입니다.

성경은 '의인은 아무도 없다. 죄인은 눈이 감긴 자이기 때문에 예수를 알아보지 못한다'라고 합니다. 요한복음 1장에서는 '빛이 세상에 왔으나 사람들이 알아보지 못했다. 그래서 세례 요한이 빛에 대하여 증거하러 왔다'라고 합니다. 이 대목은 참으로 기가 막힙니다. 누군가 태양을 설명해 주어야 하는데 맹인밖에 없습니다. 예수님, 즉 빛이 세상에 오는데 이 빛을 세례 요한이 설명해야 합니다. 이 부분에 대하여 성경이 말하는 바를 잘 정리해서 이해해야 합니다. 우리가 경험한 일에 대하여 성경이 어떻게 말하는지 모르면 자기 스스로가 믿어서 구원을 얻었다고 생각하게 됩니다.

로마서는 하나님의 관점에서 말하기 때문에 칭의 수준에 있는 대상들에게 '너희는 그 영광의 자리까지 갈 수밖에 없는 자들이다'라는 말로 북돋아 주는 내용입니다. 이 대목은 결국 예정론과 연결될 수밖에 없습니다. 예정론과 연결되면 사람들은 '그러면 제멋대로 해도 되겠네. 우리는 아무것도 안 하고 하나님이 다 하신다니까!'라고 말합니다. 그래서 이에 대한 반응으로 로마서 6장에 "그런즉 우리가 무슨 말을 하리요 은혜를 더하게 하려고 죄에 거하겠느냐"라는 말씀이 나옵니다. 이에 대해 '그럴 수 없느니라'라고 대답합니다.

하나님은 성화의 단계 동안 여러 과정을 통하여 우리를 이끌어 가십니다. 필요하다면 우리를 때려서라도 하나님이 목적하신 곳까지 뛰어가게 하신다고 성경은 말합니다. 그것은 하나님의 약속이고 끝내 이루시는 하나님의 고집입니다.

이 과정 중에 우리가 제기하는 또 다른 질문은 로마서 7장에 나오는 '오호라 나는 곤고한 사람이로다. 아무리 애를 써도 여전히 죄인의 자리에 있어야 마땅한 낙제생이다. 내가 어떻게 그 목적지까지 갈 수 있겠는가?'입니다.

로마서는 이 문제에 대해서 우리가 어떻게 반응해야 할지를 언급하지 않고 우리를 목적지까지 도달시키고야 마시는 하나님의 의지와 집념을 이야기합니다. 그래서 모든 이야기는 8장으로 귀결됩니다.

"그러므로 이제 그리스도 예수 안에 있는 자에게는 결코 정죄함이 없나니 이는 그리스도 예수 안에 있는 생명의 성령의 법이 죄와 사망의 법에서 너를 해방하였음이라"(롬 8:1-2).

"이와 같이 성령도 우리 연약함을 도우시나니 우리가 마땅히 기도할 바를 알지 못하나 오직 성령이 말할 수 없는 탄식으로 우리를 위하여 친히 간구하시느니라 마음을 살피시는 이가 성령의 생각을 아시나니 이는 성령이 하나님의 뜻대로 성도를 위하여 간구하심이니라 우리가 알거니와 하나님을 사랑하는 자 곧 그의 뜻대로 부르심을 입은 자들에게는 모든 것이 합력하여 선을 이루느니라"(롬 8:26-28).

왜 모든 것이 합력하여 선을 이룹니까? 이는 이것저것 아무거나 모이기만 하면 된다는 의미가 아니라 성령님이 간구하시기 때문에 선을 이룬다는 것입니다. 성령님이 목적지를 향하여 우리를 인도하시기 때문입니다.

8장 31절, 32절에서도 "그런즉 이 일에 대하여 우리가 무슨 말 하리요 만일 하나님이 우리를 위하시면 누가 우리를 대적하리요 자기 아들을 아끼지 아니하시고 우리 모든 사람을 위하여 내주신 이가 어찌 그 아들과 함께 모든 것을 우리에게 주시지 아니하겠느냐"라고 합니다. 목적지에 데려가지 않을 것이면 왜 우리를 죽음의 세계로부터 꺼내셨겠습니까? 아들을 희생하면서까지 그 일을 이루신 분의 열심을 무엇으로 막을 수 있겠느냐는 것이 로마서 8장의 결론입니다. 이것은 또한 우리에게 주는 위로입니다. '네가 부족하다고 주저앉지 말아라. 스스로에게 미력하고 돼먹지 않았다고 말하지 말아라. 못한다고 말하지 말아라. 예수 그리스도를 보내 큰 희생을 감수하신 그 일보다 더 힘든 일이 어디 있겠느냐'라고 합니다.

우리는 목적지에 도달할 수밖에 없는 자리에 있습니다. 그렇다고 아무렇게나 살아도 된다고 이해해서는 안 됩니다. 훈련생들을 훈련할 때, 20km를 2시간 안에 뛰어가야 한다는 말은 '선착순 몇 명만 합격시키고 나머지는 탈락시킨다'라는 이야기가 아니라 '너희는 모두 시간 안에 도달해야만 한다. 첫 번에 낙오하면 매를 맞고 그다음 날 다시 한다. 그다음 날도 못하면 매를 좀 더 맞고 그다음 날 다시 한다'라는 이야기입니다. 이는 신나는 이야기이면서 동시에 무서운 이야기입니다.

환난 중에도 즐거워하나니

"다만 이뿐 아니라 우리가 환난 중에도 즐거워하나니 이는 환난은 인내를, 인내는 연단을, 연단은 소망을 이루는 줄 앎이로다 소망이 우리를 부끄럽게 하지 아니함은 우리에게 주신 성령으로 말미암아 하나님의 사랑이 우리 마음에 부은 바 됨이니"(롬 5:3-5).

5, 6, 7, 8장은 성화를 촉구하는 내용이기보다 하나님이 정하신 목적지까지 우리를 반드시 이끌어 가신다는 차원에서 이해해야 한다고 했습니다. 그런데 이 말씀은 구원의 완성을 향해 가는 과정이 어떠해야 하는지를 이해하기 위해 살펴볼 필요가 있습니다. 먼저 '환난 중에도 즐거워한다'는 말은 매우 중요합니다. 환난 중에도 즐거워하는 것이지, 환난 자체를 즐거워하는 것은 아닙니다. 기독교인은 환난을 기뻐하는 것이 아니라 환난 중에도 기뻐

하는 것입니다. 환난 중에도 기뻐한다는 말이 무슨 뜻인지 살펴봅시다.

설교를 듣거나 성경 공부를 할 때 이런 말을 듣습니다. '보십시오. 성경에는 환난 중에도 기뻐한다고 되어 있습니다. 어떤 환난이 닥쳐도 우리는 기뻐하기로 합시다.' 이 말은 고무적인 말입니다. 그러나 이만큼 우스꽝스러운 말은 없습니다. 이렇게 규범적으로만 말하면 생각할 여지를 주지 못하기 때문입니다. 왜 환난 중에도 기뻐해야 하는지를 알아야 합니다. 기뻐해야 하는 이유가 그다음에 나오는데, '이는 환난은 인내를, 인내는 연단을, 연단은 소망을 이루'기 때문이라고 합니다. 이 때문에 환난 중에도 기뻐하는 것이지, 뒤 내용을 제쳐 놓고 '환난 중에도 기뻐해야 한다고 써 있습니다'라며 앞부분만 주장한다면 곤란합니다. 왜 그 말이 뒤에 쓰여 있는지 생각해야 합니다. 환난 중에 기뻐해야 하는 이유는 인내와 연단과 소망 때문입니다.

환난은 인내를

환난이 인내를 만든다고 했습니다. 여기서 인내라는 단어는 '참는다'라는 뜻이 아니라 '굴곡이 없어진다'라는 뜻입니다. 영어의 'Constancy'에 해당하는 말로 '견고성을 유지한다'라는 뜻이라고 할 수 있습니다.

예수를 믿으면 만사형통할 줄 알았는데 그렇지 않은 일을 당할 경우에 우리는 가슴이 철렁 내려앉고 혈압이 오르는 등 무척 당황합니다. 그런데 참된 신자에게는 환난으로 인한 당황함과 출렁임이 없습니다. 신자와 신자가 아닌 사람의 가장 큰 차이는 환난을 당할 때 나타납니다. 하나님 안에서 거듭나지 않은 자는 환난을 당하면 다 집어던지고 도망갑니다. 절대 순교하지 않습니다. 목숨을 걸고 신앙을 지키지 않습니다. 그러나 하나님이 영광의 자리로 인도하기 위하여 불러낸 자녀들은 환난을 당하면 처음에는 불평을 하지만 점차 예외 없이 모두 예수 그리스도에게로 돌아갑니다. 환난을 당하면 악을 쓰고도 하나님에게로 돌아갑니다. 이것은 놀라운 일입니다.

처음에는 '하나님! 너무하십니다. 그럴 수 있습니까?'라고 하다가 '악을 쓰면 안 되지' 하고 조금씩 달라지기 시작합니다. '기도할게요'라고 하면서 조금씩 조금씩 무너져 내려옵니다. 그러고 나서 '하나님이 도대체 인생에 대해서 무엇이라고 설명하셨으며 나에게 무엇을 요구하셨는가, 나를 어디로 이끌어 간다고 하셨는가'를 다시 들추어 보게 됩니다. 환난이 이러한 자세를 만들어 냅니다. 잘 생각해 보면 평화로울 때 신앙이 자라는 사람은 아무도 없습니다. 신앙은 불편할 때 자라납니다. 세상에서 충격과 고통을 받았을 때 변함없는 하나님의 약속을 붙잡음으로써 요동에서 견고한 자세로 돌아오게 됩니다.

이것은 참으로 놀라운 부분으로, 여기에 신자의 비밀이 있습니다. 환난을 당하면 비명을 지르고 못 살겠다고 하지만 결국 그 목소리가 점점 작아지면서 '나에게 약점이 있었던 것은 아닌가, 내가 어떤 점에서 실수하지 않았나, 내가 하나님에게 매 맞을 일을 하지는 않았나' 돌아보며 하나님의 약속으로 돌아옵니다. 세상에 한눈팔다가 예수 그리스도의 보혈로 돌아옵니다. 그래서 'Constancy'가 생깁니다.

환난을 통해 이 인내를 얻는 이유는 이렇습니다. 우리가 평상시에는 신앙인으로서 다 아는 것 같고 능히 할 수 있다고 생각합니다. 즉 언제든지 인내할 수 있을 것 같고 언제든지 용서할 수 있을 것 같고 언제든지 남을 도울 수 있을 것 같습니다. 그런데 이것은 그것들을 하지 않아도 될 때 하는 생각입니다. 정작 그것들을 해야 하는 때가 오면 '할 수 없다'가 됩니다. 그 일들이 얼마나 힘든지 알게 되기 때문입니다. 내가 알고 있다고 생각하고 할 수 있다고 생각하던 것들이 얼마나 그렇지 않은가를 그때 비로소 발견하게 되고 내가 누구인지를 깨닫습니다. 내가 얼마나 한심한 존재인지를 알게 됩니다. 다시 예수 그리스도를 붙잡게 됩니다. 이것이 바로 환난이 만들어 내는 큰 기적입니다.

환난이 없으면 우리는 신앙인이라는 이름을 가지고서도 실제로 예수 그리스도를 붙잡지 않고 스스로를 붙잡게 됩니다. 거듭난 자요, 성경을 아는 자요, 교회를 몇 년 다닌 자라고 내세우면서 예수 그리스도를 붙잡기보다는 그 앞에 진 치고 다른 일을 하기 일쑤입니다. 나에게 환난이 닥치지 않았을 때는 큰소리를 치는 법입니다. 그러나 정작 일이 눈앞에 일어나면 감당하지 못합니다.

예수님과 세 제자가 변화산에 올라가 있는 동안 산 아래에 있던 제자들에게 일어난 일을 예로 들 수 있습니다. 그 아홉 명의 제자들이 귀신 들린 아이 하나를 두고 이 사람 저 사람 돌아가면서 안수하고 기도하고 법석을 떨었지만 도무지 차도가 없었습니다. 결국 예수님이 내려오셔서 아이의 병을 고치셨습니다. 나중에 그들이 예수께 와서 조용히 '주여! 우리는 왜 할 수 없었습니까?'라고 묻습니다. 그때 예수께서 '기도 외에 다른 것으로는 이런 종류가 나갈 수 없느니라'(막 9:29)라고 답하십니다. 기도라는 방법으로가 아니라, 하나님이 하셔야만 한다는 말입니다.

하나님만이 하시는 일입니다. '하나님, 도와주십시오'라는 요청 없이, 내가 스스로 하는 일은 이루어지지 않는다는 말입니다. 신자들은 종종 이 대목을 잊고 사는데 환난이 이것을 기억하게 합니다. 평안할 때 우리들은 얼마나 그럴 듯해 보입니까? 그런데 환난이 닥치면 내가 할 수 없는 일과 내가 누구인지가 금방 드러납니다. 이것이 환난이 하는 적극적인 일들입니다. 환난을 당함으로써 우리는 다시 한 번 주님을 붙잡게 되고 그것으로부터 오는 은혜를 사모하게 되고 주님이 약속하신 것들을 그제야 비로소 생생히 기억하고 적용하게 됩니다. 세상에서의 환난은, 우리로 하여금 빼앗을 수 없는 기업을 바라보게 합니다.

예수님이 말씀하신 비유를 통해 이 문제를 살펴봅시다. 한 청지기가 있었는데 그가 주인의 재물을 맡아서 자기 마음대로 허비했습니다. 그래서 주인이 '이제 너는 파면이다. 재산과 장부를 정리해서 가져오너라'라고 했습니다. 그러자 청지기는 자기 주인에게 빚을 진 사람들을 찾아가서 백만 원 빚진 사람은 0을 하나 지워서 빚을 십만 원으로 만들어 주고, 다른 사람들에게도 이런 식으로 빚을 감해 주었습니다. 왜 그랬습니까? 자기가 파면 당한 후를 생각하니까 막막했기 때문입니다. 지금은 주인의 재무로 먹고사는 데에 불편이 없지만 파면을 당하면 벌어먹을 자리가 없기 때문입니다. 그러니까 지금 내가 할 수 있는 방법으로 그들을 도와주면 나중에 파면당했을 때 그들이 자기를 외면하지 않을 것이라는 계산 하에 그렇게 한 것입니다. 이에 대해 성경에서는 그를 칭찬합니다. 그리고 '이 세대의 아들들이 자기 시대에 있어서는 빛의 아들들보다 더 지혜로움이니라'(눅 16:8)라는 설명을 덧붙입니다. 예수께서 이 비유를 들어 하신 말씀의 초점은 세상 사람들도 내일을 준비할 줄 안다는 사실입니다.

파면당한 다음을 생각하고 준비해야 하는 것입니다. 준비는 언제 하는 것입니까? 내일을 내일 가서 준비하면 안 됩니다. 부닥친 다음에는 준비할 수 없습니다. 준비란 언제나 그 이전에 해야 하는 것입니다. 신자는 다음 나라가 있는 줄 아는 자들입니다. 불신자들은 영생이 있음을 모르니까 준비하지 못하지만, 신자는 아니까 준비해야 한다는 권고입니다.

왜 준비하지 않습니까? 정말 모를 일입니다. 내일 한다고 합니다. 하지만 내일은 영원히 오지 않습니다. 내일을 붙잡아 본 사람이 있습니까? 언제나 오늘뿐입니다. 성경은 이 오늘이 끝나는 날이 있다고 합니다. 그런데 사람들은 그날을 준비하지 않습니다. 그래서 하나님은 당신의 자녀들을 그대로 내버려 두지 않고 내일을 준비하게 하십니다. 환난을 주심으로써 준비하게 하십니다. 이것이 환난이 하는 일입니다.

환난은 인내를 만듭니다. 우리에게 인내가 생깁니다. 그다음에는 아무리 큰일이 일어나도 크게 요동하지 않게 됩니다. 말세에 대한 징조로 나라가 나라를, 민족이 민족을 친다고 합니다. 처처에 기근이 나고 지진이 난다고 합니다. 아직 우리 동네에는 지진이 오지 않았지만 다른 곳에서 큰 지진이 일어나는 것을 보고 놀랍니다. 우리 동네에 지진이 나면 놀랄 틈이 없을 것입니다. 그때는 다 땅속으로 들어가 있을 테니 말입니다. 그러면 우리는 어떤 자세를 가져야 합니까? 이런 징조들을 당연하게 여길 정도의 신앙을 가져야 합니다.

인내는 연단을, 연단은 소망을

인내가 연단을 만들어 낸다는 것은 흔들리지 않는 정도, 즉 위로를 받을 정도가 아니라 한 걸음 더 나아가서 이제는 그런 일들을 겪고서 즐거워하는 기쁨의 자리까지 가는 것을 말합니다. 이것은 대단한 수준입니다. 그래서 연단은 소망을 이루어 내는 것입니다. 무릇 신자의 신앙 수준은 결국 내세관에 달려 있습니다. 내세에 대한 생각이 현실관을 바꾸기 때문입니다. 현실에서의 연단이 내세에 대한 소망을 이룹니다. 그러니 신앙은 내세 지향적일 수밖에 없습니다. 신자는 육의 것을 심어서 육의 것을 거두는 자가 아니기 때문에 세상적인 것들로 인하여 즐거워할 일이 별로 없기 때문입니다. 오히려 세상에서 받는 훈련 속에서 닦이는 일이 있을 뿐입니다. 이 닦임으로 인하여 우리는 세상을 외면하고 하나님과 하나님 품을 그리워하게 됩니다. 그렇다고 세상을 부정적으로만 보는 것은 아닙니다.

천국에 대하여 '해함도 없고 상함도 없고 사망도 없고 이별도 없고 눈물도 없는 곳'이라고 합니다. 천국이 얼마나 좋은 곳인지에 대해서 가장 좋은 단어들로 묘사해도 다 표현할 수가 없기 때문에 부정적 단어들을 사용해 그 반대라고 묘사합니다. 세상에는 재미있는 것들이 많습니다. 우리가 기억해야 하는 것은 이 세상을 하나님이 만드셨다는 사실입니다. 죄로 말미암아 부패되고 일그러지고 반쯤 썩었는데도 불구하고 이렇게 재미있습니다. 하물며 천국은 어떻겠습니까? 그곳은 모두가 기절할 정도로 재미있을 것입니다. 그런 천국에 가고 싶지 않습니까?

우리는 세상이 하나님의 작품인지를 모릅니다. 문화(文化) 또한 하나님의 작품인지를 모릅니다. 하나님이 부부를 만드셨다는 사실을 아십니까? 자녀를 기르는 재미, 빨래를 하는 재미, 한 가정이 만들어 내는 재미보다 더 재미있는 일은 없을 것입니다. 그 재미있는 일을 하나님이 만드셨습니다. 우리는 이런 사실을 너무나 잘 잊습니다. 그런데 환난이 하나님의 풍요함을 알게 해 줍니다. 야고보서에도 "내 형제들아 너희가 여러 가지 시험을 당하거든 온전히 기쁘게 여기라 이는 너희 믿음의 시련이 인내를 만들어 내는 줄 너희가 앎이라 인내를 온전히 이루라 이는 너희로 온전하고 구비하여 조금도 부족함이 없게 하려 함이라"(약 1:2-4)라는 이야기가 나옵니다.

조금도 부족함이 없게 만들어 내는 것, 하나님이 우리를 부르신 바 그 구원의 완성 지점에 우리를 도달하게 하시는 것, 그 일을 위해서 하나님이 얼마나 집요하게 우리 삶에 개입하시며 열심을 내시는지를 아는 자가 복됩니다. 그렇게 사는 자는 더 복된 사람입니다.

그렇게 살기로 하십시오. 어렵습니까? 그러면 구하십시오. 그것이 무궁무진한 기도 제목입니다. 살아지지 않는 대목을 들어 기도하십시오. 기도가 수없이 나와야 하는 대목입니다. 하루를 살면서 '오늘 내가 말씀 중 어디에서 걸렸는가' 하는 것을 스스로 알지 않습니까? 그 부분에 대하여 기도하십시오. '이 부분을 넘어서게 해 주십시오. 이곳을 통과하게 해 주십시오. 이것을 극복할 수 있게 해 주십시오'라고 기도하는 것입니다.

매일매일 기도 제목이 바뀔 수밖에 없습니다. 진전하기 때문입니다. 진전하지 않고 한 군데에 머물러 있으면 기도할 내용이 없습니다. 다른 사람들을 쳐다보고 이렇다 저렇다 평가하거나 시비하지 말고 자기 신앙을 성장시키십시오. 시련에 맞부딪치는 데에서 오는 싸움, 그 진통이 없어서 시선이 자꾸 밖으로 돌아다니는 것입니다. 나의 싸움을 해야 합니다.

사람은 두 종류로 나뉩니다. 말로 할 때 알아듣는 사람과 매 맞은 후에 알아듣는 사람입니다. 신자들 중에 맞아도 모르는 사람은 없습니다. 알 때까지 때리시기 때문입니다. 그것은 하나님의 인도하심의 특별한 방법입니다. 일흔 번씩 일곱 번을 때려서라도 알아듣게 하십니다. 일흔 번씩 일곱 번을 때려도 알아듣지 못하면 491번째 매를 대십니다. 그래도 버리지는 않으십니다. 이 사야 1장에 '너희가 발바닥부터 정수리까지 매를 맞아 온통 매 맞은 상처뿐인데도 아직도 더 맞으려고 한다'라고 한 기록과 같습니다.

머리카락까지 맞아야겠습니까? 이 대목에 대해 많이 생각하고 하나님이 우리에게 주신 엄청난 복들에 대하여 마음껏 기뻐하기를 바랍니다. 우리에게 가장 필요한 것은, 우리를 인도하시는 하나님의 손길을 따라 순종하는 자세임을 명심하십시오.

6장 \ 계획과

이해

/

하나님이 목적한 곳

로마서 5장 6절부터 11절까지의 단락은 "우리가 아직 연약할 때에 기약대로 그리스도께서 경건하지 않은 자를 위하여 죽으셨도다"(6절)로 시작해서 "곧 우리가 원수 되었을 때에 그의 아들의 죽으심으로 말미암아 하나님과 화목하게 되었은즉 화목하게 된 자로서는 더욱 그의 살아나심으로 말미암아 구원을 받을 것이니라"(10절)라고 선언합니다. 즉 '그의 죽으심으로 우리를 하나님과 화목하게 하셨으니 살아난 자는 더욱 더 큰 복을 얻지 않겠느냐' 하는 말씀인데 사도 바울이 왜 이런 이야기를 하는지 그 까닭을 알아야 합니다.

사도 바울이, 우리가 죄인이었을 때에 하나님이 우리를 위하여 예수 그리스도를 보내시고 우리를 위하여 그를 죽이셨고 그래서 우리의 구원이 완성될 수밖에 없다는 이야기를 하는 이유는 5장 1절 "그러므로 우리가 믿음으로 의롭다 하심을 받았으니 우리 주 예수 그리스도로 말미암아 하나님과 화평을 누리자"라는 대목 때문입니다. 또한 3절에서 보듯 '우리가 환난 중에도 즐거워하나니 이는 환난은 인내를, 인내는 연단을, 연단은 소망을 이루는 줄' 알기 때문입니다.

우리는 구원 문제에 관하여 이해할 때 '하나님의 계획'이라는 관점에서 보지 못하고 늘 '우리의 경험'이라는 관점으로 볼 수밖에 없는 존재라고 누누이 말했습니다. 하나님의 계획은 하나님이 세우신 것이지 우리가 세운 계획이거나 우리가 이해할 수 있는 것이 아니기 때문에 우리는 하나님의 계획 중에서 어느 한 부분을 경험하는 것으로밖에는 감각할 수가 없습니다.

성경은 우리가 하나님이 계획하신 '의롭다 함'을 받은 경험을 가지고 있다고 말합니다. 우리가 경험한 의롭다 함은 구원의 근거도 아니고 시작도 아니고 내가 획득한 것도 아닙니다. 특히 로마서에서는, 내가 경험하고 인식한 것은 구원의 근거이거나 시작이 아니라 하나님이 계획하신 과정 중 어느 시점일 뿐임을 설명합니다. 즉 표현이 조금 어색하지만 어떻게 이 지점까지 왔는지에 대해 이야기하면서, 하나님이 너를 여기까지 굴려서 왔으니까 앞으로도 하나님이 목적한 곳까지 너를 굴러가게 하고야 말 것이라는 이야기입니다.

우리가 의롭다 함을 입은 경험은 굴러가는 중간에 어느 시점에서 하게 되는 인식일 뿐입니다. 그 자리는 시작이 아니라 인도받아서 온 결과입니다. 그래서 5장 1절부터 5절까지는 하나님이 '여기까지 너를 인도하였으니 목적한 곳까지도 너를 데려가고야 말겠다'라고 하시는 이야기를 믿음이라는 단어로 설명하는 것입니다. 이 단계에서 우리가 경험하는 것은 어느 날 눈을 떴다는 것뿐입니다. 내가 믿어서가 아니라 하나님이 예수 그리스도를 구속의 원인으로 삼으셔서 우리에게 결과만을 허락하는 방법, 즉 믿음이라는 방법으로 우리를 이 자리에 있게 하셨습니다.

나에게는 근거나 조건이나 요구된 것이 아무것도 없기 때문에 성경은 은혜, 선물이라고 합니다. '너희에게 아무 조건이 없는데 여기까지 어떻게 왔느냐? 네가 스스로 왔느냐? 남이 데려다주었느냐?'라고 할 때, 남이 데려다주었다는 것입니다. 이같이 1절부터 5절까지 내용은 우리가 어떻게 여기까지 왔는지에 관한 이야기입니다. 그다음 6절부터 11절까지는, 예수 그리스도를 죽이시면서까지 우리를 이끌어 오신 하나님은 어떤 난관이 있어도 그 일을 중단하지 않으신다는 이야기입니다. '예수 그리스도를 죽이시면서까지 우리를 이 자리에 도달하게 하신 분을 무엇이 막으리요'라는 내용인데, 여기서 십자가 사건은 방법적 차원에서 사용된 것이 아니라 일을 수행하시는 이의 열심을 나타내는 표현으로 사용된 것입니다.

즉 '아들을 죽이는 희생으로 그 일을 시작하신 분이 중간에 포기하시겠느냐' 하는 이야기입니다. 6절 이하 말씀은 바로 이러한 차원에서 기술됩니다. '하나님이 너희를 인도하여 내신 이후 그 나머지 과정에 비록 환난도 있겠지만 그것을 통하여 인내와 연단으로 말미암은 소망의 나라에까지 이르게 할 것이다.' 이렇게 말씀하시는 이유는 하나님이 우리를 사랑하시기 때문입니다. 이것이 6절로 넘어가면서 하는 이야기입니다.

십자가와 하나님의 사랑

로마서 5장 6절 말씀을 원문인 헬라어로 살펴보면, '왜냐하면'이라는 단어로 시작하는데 우리말 성경에는 생략되어 있습니다. 6절 이하의 내용에 비추어 볼 때, '왜'라는 것은 이유를 설명하기 위해서라기보다 '어떻게'를 설명하기 위한 것으로, 우리를 납득시키기 위한 설명으로서의 '왜냐하면'이라고 할 수 있습니다. 다음 내용을 생각해 보라는 가르침입니다.

"우리가 아직 연약할 때에 기약대로 그리스도께서 경건하지 않은 자를 위하여 죽으셨도다"(6절). 하나님이 예수 그리스도를 죽이셨다고 합니다. 그다음에 "의인을 위하여 죽는 자가 쉽지 않고 선인을 위하여 용감히 죽는 자가 혹 있거니와"(7절)라는 설명이 있습니다. 이 이야기는 일반적인 이야기로, 어떤 사람이 의롭다고 해도 그를 위해 대신 죽어 주는 사람은 없다는 것입니다. 나라에 꼭 필요한 사람들이 여러 명 죽었다고 합시다. 우리가 죽어서 그 사람들이 살아난다면 대신 죽겠습니까? 의인을 위해서도 죽기가 어렵고 선인을 위해서도 죽지 않는데, 죄인을 위해서 죽는 사람이 어디 있겠습니까. 의인을 위해서나 선인을 위해서라면 혹 가능성이 있지만, 누가 죄인을 위하여 대신 죽겠습니까?

그런데 예수 그리스도께서 죄인을 위하여 죽으셨다는 것입니다. "우리가 아직 죄인 되었을 때에 그리스도께서 우리를 위하여 죽으심으로 하나님께서 우리에 대한 자기의 사랑을 확증하셨느니라"(8절)라는 말씀입니다. 이 말씀은 죄인을 사랑할 만했다는 이야기가 아니라 죄인임에도 불구하고 대신 죽어 주실 사랑이라면 그 사랑의 강도가 얼마나 크겠는가 하는 이야기입니다. 어떤 것으로도 그분이 시작한 일을 막을 수 없다는 뜻입니다.

"그러면 이제 우리가 그 피로 말미암아 의롭다 하심을 받았으니 더욱 그로 말미암아 진노하심에서 구원을 받을 것이니 곧 우리가 원수 되었을 때에 그의 아들의 죽으심으로 말미암아 하나님과 화목하게 되었은즉 화목하게 된 자로서는 더욱 그의 살아나심으로 말미암아 구원을 받을 것이니라"(9절)라는 말씀은 우리가 하나님과 화목하기 전 원수 관계일 때에, 우리를 하나님과 화목하게 하기 위하여 예수 그리스도를 죽이시는 희생을 치른 열심이 있었다면 우리를 하나님과 화목하게 하신 다음에는 당연히 더 좋은 일이 있지 않겠느냐는 말씀입니다.

여기서 우리가 반드시 기억할 대목은 '우리로 화목하게 하기 위하여 그의 피로 말미암아 화목하게 하셨다'는 부분입니다.

즉 우리로 화목하게 하기 위하여 하나님이 우리에게 설명하셨거나 설득하셨거나 샘플을 보이신 것이 아닙니다. 하나님이 우리를 당신의 자녀로 삼으신 이 일은 오직 하나님이 하신 일입니다. 하나님이 그 대가를 친히 지불하셨습니다. 땅을 파야 하는데 우리에게 땅을 파라고 말씀하신 것이 아니라 하나님이 오셔서 친히 땅을 파신 것과 같습니다.

예수 그리스도께서 죽으심으로 우리를 하나님과 화목하게 하신 사건, 곧 하나님이 친히 행하신 이 사건만큼 우리를 향한 하나님의 사랑을 나타내 주는 것은 없습니다. 하나님이 자기 아들을 죽이시는 희생을 치르셨습니다. 로마 병정들이 죽인 것이 아니고 유대인들이 죽인 것이 아닙니다. 하나님이 친히 예수 그리스도를 죽음으로 내어 주셨습니다. 우리는 의인도 아니고 성인도 아닌 죄인인데 우리에게 예수 그리스도를 내어 주셨다는 것이 사도 바울의 논리입니다. 하나님은 우리에게 교훈이나 설명으로 말씀하신 것이 아니라 죽음이라는 행동으로 보이셨습니다. 죽음이란 모든 행위의 맨 끝입니다. 최종 행위라는 것은 최고의 행위이자 마지막 카드입니다. 이 사실을 기억해야 합니다.

우리가 아직 연약할 때에

또 우리를 향하신 하나님의 사랑을 살펴볼 수 있는 부분은 변화 받기 이전의 우리의 상태, 즉 '우리는 어떤 존재였는가'에 대한 부분입니다. 로마서 5장 6절 "우리가 아직 연약할 때에 기약대로 그리스도께서 경건하지 않은 자를 위하여 죽으셨도다"에서 '우리가 아직 연약할 때', '경건하지 않은 자'라는 표현이 나옵니다. 10절에서는 '우리가 원수 되었을 때'라고 합니다. '연약할 때'라는 말은 '부족할 때'와 같은 표현인데 연약하다는 것, 즉 부족하다는 것은 우리가 구원을 얻을 만한 수준에 있는 존재가 아니라는 뜻입니다. 우리가 구원에 관한 한 아무것도 할 수 없는 죄인일때, 가장 적극적으로 표현하자면 '진노 아래 있을 때', '원수 되었을 때' 하나님이 우리를 사랑하셔서 그의 아들을 죽이셨다는 것입니다.

'우리가 누구였는가'와 '그분이 우리를 위하여 무엇을 했는가'에 초점을 맞추어서 생각해 보면 하나님이 우리를 인도하시는 그 열심이 어느 정도인지를 알게 됩니다. "그런즉 이 일에 대하여 우리가 무슨 말 하리요 만일 하나님이 우리를 위하시면 누가 우리를 대적하리요 자기 아들을 아끼지 아니하시고 우리 모든 사람을 위하여 내주신 이가 어찌 그 아들과 함께 모든 것을 우리에게 주시지 아니하겠느냐"(롬 8:31-32)라고 합니다.

즉 아들을 아끼지 아니하시고 내주신 하나님 앞에 인간이 나서서 뭐라고 말할 수 없고 그렇게 했다가는 결국 매 맞을 일밖에 없다는 말입니다. 그런데 그 일을 하는 가장 큰 대적은 사단입니다. 사단이란 '참소하는 자'라는 뜻입니다. 참소한다는 것은 '고소한다'는 뜻입니다. 사단이 늘 우리에게 와서 고소합니다. 우리는 서로의 마음에 대하여 잘 모릅니다. 이는 다행입니다. 우리가 서로에 대해 모든 것을 안다면 매우 부끄러울 것입니다. 그런데 사단은 우리에 대하여 모든 것을 아니까 늘 우리를 정죄하며 고소합니다. 그때마다 하나님은 예수 그리스도의 죽음을 제시하십니다.

예수 그리스도의 죽음과 십자가를 제시할 때 사단이 한마디만 더 했다가는 하나님에게 맞겠으니까 도망하는 것입니다. 십자가를 제시하는 이유는 하나님이 우리 편이라는 이야기이지 우리가 죄 없이 완성된 존재라는 이야기가 아닙니다. 그런 면에서 보면 우리는 여전히 한심한 자리에 있습니다.

우리는, 과거에는 하나님이 누구인지 모르는 한심한 사람이었고 지금은 하나님을 아는 한심한 사람입니다. 우리에게 달라진 것이 있다면 하나님을 알게 된 것 하나밖에 없습니다. 신분에 있어서 달라진 것이 있다면, 옛날에는 하나님의 사랑을 받기로 작정되어 있었고 지금은 그 사랑을 받았다는 것입니다. 따라서 하나님의 자녀가 된 우리를 고소하는 사단의 위치는 마치 한 신하가 임금님에게 와서 '임금님, 당신의 왕자가 엉망진창입니다'라고 했다가 임금님의 화를 사게 되는 자리와 같다고 볼 수 있습니다. 이 사실을 잊지 마십시오. 많은 신자가 이 부분을 오해합니다. '하나님이 이 불쌍하고 못난 놈을 위하여 예수 그리스도를 십자가에 죽이셨는데 나는 이게 무슨 꼴이람' 하면서 자꾸 도망가려는데 이처럼 한심한 생각은 없습니다.

'예수 그리스도의 십자가로 말미암아 나를 깨끗이 씻어 주셨는데 다시 더럽혀졌으니 어떻게 또 다시 씻어 달라고 할 수 있겠는가. 또 예수 그리스도의 피를 흘려야 하지 않겠는가'라고 생각하니 미안한 것입니다. '이렇게 매일 씻어 달라고 하지 말고 한 10년쯤 모아 두었다가 한꺼번에 씻어 달라고 하면 덜 미안하지 않을까'라는 생각도 합니다. 그러나 이 생각은 잘못된 것입니다.

그래서 제가 잘 쓰는 단어인데, 예수를 믿고 난 다음에 반드시 가져야 하는 자세는 '뻔뻔함'입니다. '그래 나는 엉망이다. 그래서 하나님은 내 편이다. 어떻게 할 테냐?' 하는 뻔뻔함이 있어야 합니다. 로마서 8장 끝부분은 '어떤 것도 우리를 예수 그리스도 안에 있는 하나님의 사랑으로부터 끊을 수 없으리라'로 연결됩니다. 다시 5장에 와서 보면 예수 그리스도는 우리가 죄인이었을 때, 연약할 때, 원수일 때, 우리를 위해 피를 흘리셨다고 합니다. 우리가 회개했더니 피를 흘려 주신 것이 아니라 우리가 아직 죄인일 때, 연약할 때, 하나님과 원수였을 때 우리를 위하여 십자가를 지셨습니다. 우리는 이것을 한참 후에야 깨닫게 됩니다.

삼일절 노래에 '한강물 다시 흐르고 백두산 높았다'라는 가사가 있습니다. 한강물은 일제 때에도 늘 흘렀고 백두산은 늘 높았습니다. 그런데 그것들이 새삼스럽게 보이는 것입니다. 이와 같이 구원에 대해서도 우리가 깨달은 날의 감격으로 인해서 그날에 구원이 시작됐다고 느끼는 것처럼, 하나님의 모든 일이 그날로부터 비롯된 것처럼 여깁니다. 그러나 그날은 우리가 깨달은 날에 불과합니다. 대부분 우리는 그날에 회개하게 됩니다. 우리가 회개를 해서 구원을 얻은 것이 아니라 이미 의롭다 함을 받은 하나님의 자녀가 되었기 때문에 그의 인도하심 속에서 어느 날 하나님의 자녀가 된 자신의 모습을 깨닫는 것입니다. 우리가 감격하는 시점은 구원 사건이 일어난 시점과 다르다는 말입니다.

하나님이 우리에게 인식하는 과정을 허락하신 이유가 무엇일까요? 성화 과정은 하나님이 일방적으로 끌고 가는 영역이 아니기 때문입니다. 하나님은 우리를 깨우치기 위하여 매를 드시고 개입하시고 몰아넣으실 뿐이지 정작 성장하는 일은 우리의 책임입니다. 더욱이 우리가 두려워 할 것은 사람은 자녀를 때려도 때려도 고치지 못하고 포기하는 경우가 있지만 하나님에게는 그런 경우가 없다는 사실입니다. 하나님은 우리가 고칠 때까지 때리시기 때문입니다.

세상에서는 때리다가 고치기 전에 둘 중 하나가 죽어 버릴 수도 있지만 하나님은 생명을 주장하시는 분이기 때문에 때려도 죽이지 않으실 수 있습니다. 우리는 이를 '하나님은 전능하시다'라고 표현합니다.

그러므로 하나님이 인도하시는 과정에서 사람이 깨우치지 못하는 법은 없습니다. 다만 얼마나 매를 맞아야 깨닫는지의 차이이며 또 그 깨우침으로 어떤 열매를 맺는지의 차이일 뿐입니다. 하나님의 자녀로서 영광스러운 위치에 도달하기까지의 과정 동안에 순종하면서 가면 열매들이 맺힙니다. 어차피 공부를 해야 하는데 순종하면서 하면 기쁨을 얻고 우등상도 받지만, 그렇지 않으면 낙제하여 매를 맞고 공부하는 것과 같습니다. 양쪽 모두 결국에는 그 목적지까지 가게 되는데, 순종하면서 가는 동안에는 순종함으로 말미암아 맺히는 열매들이 많습니다.

'나는 포도나무요 너희는 가지라 그가 내 안에, 내가 그 안에 거하면 사람이 열매를 많이 맺나니'(요 15:5)라는 말씀이 있습니다. 열매는 어디에 맺힙니까? 가지 끝에 맺힙니다. 가지가 열매를 맺는 것입니까? 아닙니다. 나무가 맺는 열매가 가지 끝에 달리는 것입니다. 가지가 나무에 붙어 있으면 열매는 가지 끝에 달립니다. 가지는 나무에서 떨어져 있을 수 없고 늘 접합해 있어야 합니다. 결국 포도나무이신 하나님이 가지 끝에 열매를 달아 놓습니다. 일곱 번 해서 안 되면 여덟 번, 아홉 번, 열 번이 될 때까지 하십니다. 이것이 하나님의 열심입니다. 그 과정에서 우리가 어떻게 하느냐에 따라 열매를 맺는 사람이 되기도 하고, 열매를 맺지 못하는 사람이 되기도 합니다. 맺힌 만큼 상급을 받습니다.

우리가 도달해야 할 이 부분에 있어서는 물론 수준 차이도 있겠지만 대부분 우리의 순종 여하에 따른 차이가 있습니다. 때때로 우리는 열매가 목적인 길을 갈 때가 있습니다. 우리가 가야 하는 길은 열매가 목적인 길이 아니라 하나님 안에서 성장해 가는 길입니다. '누구를 사랑하자' 해서 사랑할 수 있는 문제가 아니라 자체적으로 사랑이 배어 나올 수밖에 없는 수준에 올라야 한다는 것입니다.

어릴 때 '나는 왜 한국에 태어났는가'라며 짜증스럽게 생각했던 때가 있었습니다. 이제 성장하니까 그것은 화를 내거나 섭섭해하거나 짜증을 낼 문제가 아니라는 것을 알았습니다. 어디에서 편하게 사는 것이 행복한 것이 아니라, 할 일이 있고 걱정할 것이 있다는 게 너무나 소중한 일임을 알게 되었습니다. 이처럼 마음의 수준이 달라지는 것입니다. '애국하자'라고 외칠 문제가 아니라 애국자가 되는 것과 같습니다. 그 수준에 오르면 부수적으로 열매 혹은 반응이 저절로 따라옵니다. 하나님은 우리를 바로 이런 수준에 오르도록 인도하십니다.

감동이 아닌 사실에 기초

우리는 초라해지고 실패할 때에 구원에 대한 확실성을 놓쳐 버리는 경향이 있습니다. 즉 예수를 믿는 자로서의 부족함을 느끼는 자격지심 때문에 흔들립니다. 새벽기도도 못 나가고 교회 봉사도 못하는 등 적극적인 신앙생활을 못해 하나님의 영광을 가린다고 생각하는 결벽증을 갖습니다. 그러다 보니 하나님이 우리의 구원을 이루셨다는 사실 자체가, 절대적인 진리로서 언제나 우리에게 큰 감동을 준다는 사실을 놓칩니다.

하나님의 자녀로서 성장하는 과정에서 대부분의 신자들이 갖는 가장 큰 에너지는 구원의 역사적인 사건에서 오는 것이 아니라, 하나님이 나에게 이루어 주신 일에 대한 감동에서 오는 것으로, 나의 깨달음에 결부되는 감동들입니다. 그래서 많은 신자가 신앙생활을 할 때 '너무 맹숭맹숭하다. 너무 덤덤하다. 뭐 화끈한 것 없을까?' 하고 불평합니다. 즉 하나님이 나에게 직접적으로 이루어 주시는 감동을 신앙의 근거로 삼습니다. 그러나 성경은 감동에 기초하지 말고 사실에 기초하는 버릇을 기르라고 말합니다.

'하나님이 나를 구하셨다. 예수 그리스도께서 나 때문에 죽으셨다'는 것과 '하나님이 죄인을 위하여 예수 그리스도를 죽이셨다'는 것 중 어느 쪽이 더 감동스럽습니까? 후자여야 합니다. 한 예를 보겠습니다. 우리가 버스를 타면 흔히 생기는 사건입니다. 버스 안에서 운전기사와 손님 간에 문제가 생겨서 차를 세워 놓고 옥신각신하는 데까지 사건이 확대됩니다. 이런 일이 생기면 타고 있던 다른 손님들이 '빨리 갑시다. 시간 없으니 빨리 갑시다'라고 말합니다. 그런데 이것은 매우 악질적인 발언입니다. 어떤 일이 일어나든지 간에 나의 이익과는 관련이 없기 때문에 방관하는 자세를 취하는 것입니다. 이런 원리가 횡행하면 언젠가는 그 문제가 나에게 와서 걸릴 위험이 있음을 모릅니다.

신앙생활에서도 우리는 이런 자세를 가집니다. 우리가 갖고 있는 신앙의 에너지는 무엇을 기준으로 이루어집니까? 상당히 많은 사람이 '감동'에 근거를 둡니다. 그 감동은 사실로 인한 감동이 아니라 경험에 의한 감동입니다. 즉 내가 인식하고 납득했다는 감동입니다. 이는 기독교 신앙에서 빨리 고쳐져야 하는 무서운 병입니다.

우리가 신앙생활에서 갖는 믿음은 눈을 뜬 후에 자기가 본 것을 정의하는 단계의 믿음을 말합니다. 눈을 뜬 자가 자신이 본 하나님, 자기가 들은 하나님의 말씀을 정리하여 그분을 신뢰하는 믿음입니다.

믿음이란 나의 감동을 믿는 것이 아니라 하나님을 믿는 것입니다. 하나님이 어떤 분인지를 모르면 하나님을 믿을 수 없습니다. 그런데 우리의 경험은 하나님에 관한 것이라기보다 하나님이 우리에게 관계하신 내용입니다. 따라서 그로부터 오는 감동은 하나님에 대한 감동이기보다는 하나님이 나에게 끼친 결과에 대한 감동입니다. '나를 구원하셨다. 나를 사랑하셨다'라고 하는 하나님의 사랑이나 하나님과의 관계에 대한 것이 아니고, 내 손에 쥐어진 '선물 보따리'에 대한 감격입니다. 하나님을 믿는다는 것은 하나님이 누구시며 그분이 무엇을 했느냐에 관한 신뢰입니다. 따라서 신앙의 성장은 하나님을 아는 지식과 비례합니다. 내가 가진 경험과 비례하는 것이 아닙니다. 자기가 경험한 것만을 고집하면 안 됩니다.

한 사람이 갖는 경험은 매우 제한적입니다. 한 인생이 결코 두 인생을 살 수 없는 것과 같습니다. 한 사람이 가진 어떠한 경험도 다른 사람의 몫과 다릅니다. 우리 인생도 단지 자신의 몫을 다하는 데에 불과합니다. 경험은 이 정도의 수준일 뿐입니다. 하나님을 안다는 것은 하나님이 우리 인생에 앞으로 하실 일까지를 포함하여 이해하는 것입니다.

우리가 늘 고백하는 사도신경은 '천지를 창조하셨다'라는 말로 시작합니다. 우리의 경험과 관계없이 엄청난 역사적 사건들을 나열합니다. '하나님이 천지를 창조하시고 예수 그리스도를 보내시고 예수 그리스도를 죽이시고 부활하게 하셨습니다. 다시 예수 그리스도가 재림하실 것이며 우리를 부활하게 하실 것이고 우리를 영원한 나라에서 살게 하실 것입니다'라는 객관적 선언들입니다. 사도신경 고백에는 내가 경험한 것이 거의 없습니다. 사도신경의 놀라운 점이 여기에 있습니다. 하나님의 하나님 되심을 선포하는 이 객관적인 사실에 우리의 시선을 돌려야 합니다. 객관적 사실이 엄청난 만큼 우리가 가진 경험이 더욱 더 소중해지는 것입니다. 하나님이 나에게 그 엄청난 관심을 주셨기 때문입니다. 그러므로 우리는 우리의 경험을 선언된 내용에 잘 엮어서 생각할 줄 알아야 합니다. 이러한 의미에서 믿음은 생각하는 것입니다.

생각하고 신뢰하는 믿음

믿음은 도박과는 다릅니다. 도박은 확률이지 신뢰가 아닙니다. 믿음은 절대 불변하는 사실, 대상에 대한 신뢰입니다. 그 대상에 대한 이해, 곧 지성이 없으면 믿음은 생기지 않습니다. 우리가 생각한다는 것은 이러한 신뢰가 마땅히 나오게 되는 하나의 지성 체계를 갖추는 것입니다. 따라서 믿음은 생각하는 것입니다. 성경에는 믿음에 대하여 '어린아이같이 믿으라'(마 18:3)라는 말도 있습니다. 이는 순진하게 믿으라는 뜻이 아니라, 스스로 무엇을 할 수 없는 어린아이처럼, 해 줄 수 있는 대상에게 매달리라는 뜻입니다. 어린아이도 죄인입니다. 독사의 독과 독사 새끼의 독은 모두 똑같은 독인 것과 같습니다. 독사 새끼에게 물려도 독사에게 물린 것과 마찬가지로 죽습니다. 독의 양이 많아야 죽는 것이 아닙니다. 새끼 독사도 한 번 물어서 죽일 만큼의 독은 가지고 있습니다. 이와 같은 이치입니다.

우리는 사람이 자라나면서 점점 타락해 간다고 착각합니다.

그렇지 않습니다. 사람은 죄인으로 태어납니다. 어린아이가 착해 보이는 것은 그들이 저지르는 죄악의 규모가 작기 때문입니다. 범죄의 규모를 키울 힘이 없어서입니다. 어린아이가 순진하다고 착각하지 마십시오. 어린아이도 죽어 마땅한 죄인입니다. 어린아이와 같아야 천국에 갈 수 있다고 하는 이유는 단 하나의 특징, 곧 어린아이는 모든 것을 누군가가 해 주지 않으면 안 되는 대상이라는 점 때문입니다. 즉 천국은 누군가가 데리고 가 주어야 갈 수 있는 곳이지, 우리 스스로가 도달할 수 있는 곳이 아닙니다. 성경에서 제시하는 믿음의 활용에 대해 살펴봅시다.

마태복음 6장에서는 '너희 보물을 땅에 쌓지 말고 하늘에 쌓아라. 너희는 무엇을 먹을까 무엇을 마실까 무엇을 입을까 염려하지 말라'라고 하면서 그 예로 '공중 나는 새를 보라'라고 합니다. '생각을 좀 해 봐라. 새가 농사를 짓느냐? 창고가 있느냐? 그래도 하나님이 먹이시지 않느냐! 하물며 너희일까 보냐, 믿음이 작은 자들아'라고 합니다. 여기서 믿음이 작다는 말은 믿음의 양에 관한 문제가 아니라 그 믿음을 활용하지 못한다는 뜻입니다. 하나님이 우리에게 보여 주시고 약속하신 말씀을 잘 생각해 보면 당연히 나오는 결론인데 그렇게 생각하지 못하고 활용하지 못하는 사람들을 가리켜 '믿음이 작은 자들'이라고 한 것입니다.

또 다른 예가 있습니다. 예수님이 제자들과 함께 배를 타고 갈릴리 바다를 건너가는데 예수님은 잠드셨고, 커다란 풍랑이 일고 비바람이 몰아쳤습니다. 제자들은 "주여! 우리가 죽게 되었습니다"라고 하며 두려움에 떱니다. 그때 예수님이 제자들에게 "너희 믿음이 어디 있느냐"라고 말씀하셨습니다. 이 말씀은 '왜 믿음을 써먹지 못하느냐'라는 말입니다. '이제까지 나와 함께 다니면서 많은 것을 보지 않았느냐. 귀신을 쫓아내고 죽은 자를 살리고 물고기 두 마리와 보리떡 다섯 개로 오천 명을 먹이는 등 많은 일을 생각해 보면, 풍랑이 일고 바람이 불고 배 안으로 물이 들어온다고 해도 괜찮지 않겠느냐. 왜 너희의 믿음을 써먹지 못하느냐!'라는 예수님의 질책입니다. 우리는 자주 들어서 귀만 커졌지 생활 속에서 실제로는 믿음을 활용하지 못합니다. 이제까지 들었던 설교와 읽었던 성경 말씀과 하나님이 내게 주신 경험들만으로도 해답이 나오는데 아직도 그것들과 믿음을 연결하지 못합니다.

우리는 하나님이 우리에게 계시하신 것과 경험하게 하신 것과 이루신 객관적인 사실들을 묶어서 궁극적으로 하나님이 어떤 분이신지 알아야 합니다. 그분의 성격, 성향을 아는 것이 믿음의 가장 중요한 부분입니다. 그래서 구체적인 사건이 제시되지 않고 구체적인 약속이 없어도 하나님이 어떤 분인지를 알기 때문에 분명히 내게 유익하게 해 주시리라고 확신하는 것입니다.

〈벤허〉의 저자는 예수님이 부활하셨다는 사실을 부정하기 위하여 역사적으로 증명할 만한 자료를 찾기 시작했습니다. 그러다 1년 만에 '주여 당신은 과연 하나님이십니다'라고 항복하고 〈벤허〉라는 작품을 씁니다. 우리는 왜 그 작가처럼 안될까요? 생각하지 않기 때문입니다. 우리는 하나님이 어떤 분인지를 생각하기보다는 우리의 경험으로 얻은 감동만 가지고 있습니다.

'하나님이 나를 구원하셨고 하나님이 예수 그리스도를 십자가에 달아 매셨다'라는 객관적 사실에 대하여 주먹을 꽉 쥘 수밖에 없는 감동이 있습니까? 없으면 훈련하십시오. 우리는 경험된 감동에만 익숙해져 있는 사람들임을 깨닫고 사고를 훈련하여 바꾸어 가야 할 것입니다.

"곧 우리가 원수 되었을 때에 그의 아들의 죽으심으로 말미암아 하나님과 화목하게 되었은즉 화목하게 된 자로서는 더욱 그의 살아나심으로 말미암아 구원을 받을 것이니라"(10절)라는 말씀은 하나님이 우리를 회복시키기 위하여 그의 아들을 죽이셨다면 우리를 회복시키신 후에는 더 좋은 것을 주시지 않겠느냐는 말씀입니다. 하나님의 그 굉장한 열심과 큰 사랑을 생각해 봄으로써 우리는 하나님을 신뢰할 수 있습니다. 사도 바울은 11절에서 "그뿐 아니라 이제 우리로 화목하게 하신 우리 주 예수 그리스도로 말미암아 하나님 안에서 또한 즐거워하느니라"라고 결론지어 말합니다. 하나님이 어떤 분인지 알면, 당연한 논리성에 의거하여 그분이 시작하신 일을 끝까지 이루시리라는 사실을 바라보며 즐거워하게 된다는 것입니다.

이 결론에 도달하지 못하면 아직도 믿음의 근거가 분명하지 않은 것입니다. 믿음의 근거는 우리의 경험이 아니라 하나님의 약속입니다. 사도 바울이 이 이야기를 즐거움으로 '폭발'시킬 수 있는 것은 예수 그리스도의 십자가 사건 하나만을 보더라도 하나님의 약속의 진실하심과 우리를 향한 열심과 사랑을 충분히 측량할 수 있기 때문입니다. 이것이 신자가 가져야 할 즐거움이며 자랑입니다.

이 감동이 있습니까? 이것은 경험에서 오는 감동이 아니라 마음에서 우러나오는 당연한 감동입니다. 이 당연한 감동을 가지려면 신앙이 성장해야 합니다. 유치원 생활이 재미있어서 머리가 희어지도록 유치원에만 머물러 있다면 참으로 답답한 노릇이 아닙니까? 이는 훈련이 부족하기 때문입니다. 신앙 연령도 자라가야 합니다. 성경을 아는 일에 많은 훈련과 시간을 보낼 필요가 있습니다.

이미 정해진 결과

5장 1절부터 11절까지를 살펴보면서 우리가 하나님 앞에 부름받은 이상, 완성될 자리까지 갈 수밖에 없다는 증거로 두 가지를 제시하였습니다. 첫째는 우리가 가진 조건으로 구원을 얻은 것이 아니라 믿음으로 구원을 얻었기 때문에 우리 안에 계시는 성령님으로 말미암아 모든 환난과 어려움 속에서도 하나님이 요구하신 완성의 자리로 간다는 것이고, 둘째는 그 일을 시작하실 때 하나님이 치르신 대가가 너무나 크기에 그 사실을 염두에 둔다면 그 일이 진행되는 과정에서 일어나는 어떠한 일도 하나님의 구원 사역을 막을 수 없다고 예견하게 됩니다.

이것이 가능한가에 의문을 제기하는 사람이 있습니다. 즉, 결국은 '내가 한 일이 아무 것도 없는데 나에게 그러한 일이 이루어진다는 사실을 무슨 근거로 확인할 수 있는가?'라고 하며 반론을 제기합니다. 이들의 의문에 대하여 성경은 로마서 5장 12절 이하에서 아담의 사건을 들어서 설명합니다. 5장 12절부터 끝 절까지 내용을 대표 원리라고 합니다. 이제 이 대표 원리로써 구원 문제의 확실성과 최종성을 설명하는 대목을 살펴보고자 합니다.

아담으로 말미암아

로마서 5장 12절 이하에서는 '아담으로 말미암아 모든 사람이 죄인이 된 것같이 예수 그리스도로 말미암아 모든 사람이 의의 선물을 받으리라'라고 아담과 예수님을 비교합니다. 아담은 범죄하여 그의 모든 후손을 죄인으로 만들어 버렸고 예수 그리스도는 순종하심으로써 모든 후손을 의인으로 만들었다는 것입니다. 아담은 모든 인류의 조상이기 때문에 그의 처신에 따른 결과가 그와 그의 후손들의 운명을 결정했습니다.

조상 하나가 잘못하여 후손에게 영향을 미치는 예를 들어 봅시다. 한일 합병과 같은 경우입니다. 조선이 일본에게 삼켜지자 그 후에 태어난 한국인들은 자기들이 일본인들에게 빚을 지거나 종으로 팔리지 않았는데도 불구하고 그들의 부모가 일본에게 삼켜진 민족이었다는 것만으로 모두가 피식민지 계급으로 태어나게 되었습니다. 노예의 자손이 태어날 때부터 노예인 것과 같습니다. 세상에서 일어나는 이런 일들을 그저 심상하게 보고 넘어가서는 안 됩니다. 어떤 의미에서 이 모든 세상일은 다 '계시'를 뒷받침하는 사건들입니다.

12절을 보면 "그러므로 한 사람으로 말미암아 죄가 세상에 들어오고 죄로 말미암아 사망이 들어왔나니 이와 같이 모든 사람이 죄를 지었으므로 사망이 모든 사람에게 이르렀느니라"라고 합니다. 모든 사람은 죽습니다. 성경적인 의미로 죽음은 죄인에게만 해당되는 형벌입니다. 그런데 태어나자마자 죽는 아기가 있습니다. 그 아기는 죄를 지을 시간적 여유도 없었는데 죽습니다. 이러한 일은 지금 우리가 살펴보는 부분에 있어서 매우 중요한 증거입니다. 죽음이 임한다는 것은 죽을죄를 지었다는 뜻인데 죄를 짓지 않았는데도 불구하고 죽는 것은 무엇을 의미합니까? 그것은 본인이 지은 죄 이외에 다른 이유로 말미암아 죄인이 될 수밖에 없다는 사실을 증명합니다.

그 이유는 바로 인류가 죄인의 신분으로 태어난다는 사실입니다. 부모가 종이면 그 자녀도 태어날 때부터 종인 것처럼 우리의 부모가 죄인이었기 때문에 우리는 죄인 신분으로 태어납니다. 우리는 죄인이라고 하면 범법을 행한 자라고만 생각하는 경향이 있습니다. 성경이 말하는 '죄인'의 의미는 죄를 범한 사람이 아니라 죄인의 '신분'을 가진 사람이라는 뜻입니다. 즉 '죄의 노예'라는 말입니다. 죄를 지을 수밖에 없는 자라는 의미입니다.

죄인에 두 종류가 있는데 죄의 열매를 맺는 죄인과 죄의 열매를 맺지 않는 죄인입니다. 많은 사람이 자기가 죄인이라는 문제에 대하여 항복하지 않는 것은 '나는 죄를 지은 적이 없다'라는 이유에서입니다. 3개월 된 사과나무와 3년 된 사과나무의 차이가 무엇입니까? 3년 된 사과나무는 열매를 맺지만 3개월 된 사과나무는 열매를 맺지 못한다는 것입니다. 그러나 둘 다 사과나무입니다. 성경이 열매에 대하여 이야기하는 것은 신분을 증명하기 위해서지 열매를 맺고 안 맺고의 차이를 언급하기 위해서가 아닙니다.

그러므로 성경에서 죄인이란 행위로 죄를 지은 사람이라는 뜻이 아니라 죽을 수밖에 없는 조건 아래에 놓인 자를 의미합니다. 우리가 죽는 이유는 우리의 조상인 아담이 하나님 앞에 범죄하여 죄인, 즉 죽을 수밖에 없는 자, 저주받을 자, 멸망받을 자, 형벌을 받을 자의 신분이 되었기 때문입니다. 그가 낳은 모든 자손은 죄인이라는 신분으로 태어납니다. 따라서 우리는 아무 잘못이 없는데도 불구하고 죽습니다. 이와 동일하게, 예수 그리스도가 부모인 자는 자기가 잘한 일이 없는데도 불구하고 그의 신분을 이어받습니다.

조선 후기에 강화도령이라고 불린 철종의 경우를 생각해 봅시다. 도무지 왕의 수준이 못 되는 그가 왕족이라는 이유 하나로 왕이 되었습니다. 이만큼 실감 나는 예가 없습니다. 또한 형편없는 자가 부모를 잘 만나서 떵떵거리며 사는 예도 얼마든지 봅니다.

그러므로 예수 그리스도를 조상으로 갖는 자, 그 안에 있는 자는 죄인이 아니라 의인의 신분으로 태어납니다. 이 문제에 대하여 성경이 어떻게 말하는지 살펴봅시다.

대표자 아담과 예수 그리스도

성경은 예수 그리스도와 아담에 대하여 말하기를 "그러나 아담으로부터 모세까지 아담의 범죄와 같은 죄를 짓지 아니한 자들까지도 사망이 왕 노릇 하였나니 아담은 오실 자의 모형이라"(14절)라고 합니다. 여기에서 '오실 자'는 예수 그리스도입니다. '모형'이라는 말은 '대표'라는 뜻입니다. 아담과 예수 그리스도는 서로 닮은 데가 하나도 없는데 '대표자'라는 것만 공통점입니다. 인류의 대표자로서 아담은 그 모든 후손을 절망과 멸망 속에 끌어넣었으며 예수 그리스도도 한 대표자로 오셔서 그의 모든 자손을 왕족으로 삼으셨습니다. 앞서 말했듯 대표적인 예가 바로 1910년의 한일 합병입니다. 이 시점으로부터 태어난 사람은 전부 노예였으며, 해방된 1945년을 기점으로 태어난 사람은 모두 자유인이었다는 원리에 연결됩니다.

그래서 15절부터는 이렇게 비교됩니다. "그러나 이 은사는 그 범죄와 같지 아니하니 곧 한 사람의 범죄를 인하여 많은 사람이 죽었은즉 더욱 하나님의 은혜와 또한 한 사람 예수 그리스도의 은혜로 말미암은 선물은 많은 사람에게 넘쳤느니라." 한 사람이 범죄한 결과가 그 후손에게 죄와 형벌에 있어서 막대한 영향을 끼쳤다면 우리에게 복 주시고 우리를 사랑하시는 선하시고 의로우신 하나님은 은혜에 있어 얼마나 더 크게 영향력을 끼치시겠는가 하는 논리입니다. 그래서 하나님은 죄악에 대하여는 그 형벌을 삼사 대까지 이르게 하지만 복은 수천 대까지 이르게 하신다는 대목이 성경에 나옵니다. 삼사 대와 수천 대로 비교됩니다.

이처럼 사도 바울은 아담과 예수 그리스도 두 대표자를 두고 범죄에 대한 영향력과 복에 대한 영향력을 비교 형식으로 이야기합니다. "또 이 선물은 범죄한 한 사람으로 말미암은 것과 같지 아니하니 심판은 한 사람으로 말미암아 정죄에 이르렀으나 은사는 많은 범죄로 말미암아 의롭다 하심에 이름이니라 한 사람의 범죄로 말미암아 사망이 그 한 사람을 통하여 왕 노릇 하였은즉 더욱 은혜와 의의 선물을 넘치게 받은 자들은 한 분 예수 그리스도를 통하여 생명 안에서 왕 노릇 하리로다"(16-17절). 아담에게서 그 신분을 물려받은 후손들이 예외 없이 죽었다면 예수 그리스도에게 그 신분을 물려받은 후손들이 받을 복은 더욱 더 넘치고 넘치지 않겠느냐는 말입니다. 그래서 18절, 19절 말씀 "그런즉 한 범죄로 많은 사람이 정죄에 이른 것 같이 한 의로운 행위로 말미암아 많은 사람이 의롭다 하심을 받아 생명에 이르렀느니라 한 사람이 순종하지 아니함으로 많은 사람이 죄인 된 것 같이 한 사람이 순종하심으로 많은 사람이 의인이 되리라"에서 가장 흥미 있는 단어는 '같이'입니다. 아담으로 말미암아 '… 같이', 예수 그리스도로 말미암아 '… 되리라'라는 것입니다.

"율법이 들어온 것은 범죄를 더하게 하려 함이라 그러나 죄가 더한 곳에 은혜가 더욱 넘쳤나니 이는 죄가 사망 안에서 왕 노릇 한 것 같이 은혜도 또한 의로 말미암아 왕 노릇 하여 우리 주 예수 그리스도로 말미암아 영생에 이르게 하려 함이라"(20-21절). 이 대목을 성경이 얼마나 일관성 있게 다루는지 살펴봅시다.

마태복음 1장 1절에 '아브라함과 다윗의 자손 예수 그리스도의 계보'라는 대목이 있습니다. 예수 그리스도의 족보라는 말입니다. 그리고 그다음에 '아브라함이 이삭을 낳고 이삭은 야곱을 낳고'라고 아브라함부터 시작해서 다윗, 그리고 예수까지 연결됩니다. 누가복음 3장 23절부터 38절에는 이 족보에서 더 위로 아담, 하나님까지 연결됩니다. 예수는 인간으로 오셨습니다. 인간의 족보는 죽을 족보입니다. 죽음의 족보입니다. 이것은 예수 그리스도가 십자가에서 돌아가시는 것으로 증명됩니다.

예수께서는 아담의 족보를 폐쇄하러 오셨습니다. 아담은 죄인이기 때문에 그 신분으로 태어나는 사람은 누구나 죄인입니다. 이 굴레를 벗어나는 유일한 방법은 죽음입니다. 아담의 후손으로 그 족보 속에 오셔서 죽으심으로 이 가문은 끝이 납니다. 즉 죽음의 족보인 아담의 족보를 폐쇄하십니다. 이같이 아담 가문의 후손은 죽었기 때문에 이제 더 이상 종의 신분으로 태어날 자리가 없습니다. 인류가 다 죽었는데 다른 인간이 생겨났습니다. 그가 곧 부활하신 예수입니다. 여기서 인류의 다른 조상이 생겨난 것입니다. 그분은 죄를 지은 적이 없습니다. 죄인일 수가 없습니다. 그분은 하나님의 아들입니다. 그분의 족보에 신자가 있습니다.

즉 우리는 하나님의 아들의 후손입니다. 예수께서 죽으신 것은 아담의 족보를 폐쇄하기 위해서이고, 그분이 부활하신 것은 새로운 족보를 열기 위해서입니다. 아담의 족보에는 생물학적으로 태어나는 자가 들어갑니다. 예수 그리스도의 족보에는 영적으로 중생한 자가 들어갑니다. 예수 그리스도의 족보로 태어난 자를 중생했다고 합니다. 아담의 족보에서 죽고 예수 그리스도의 족보에서 다시 살아났다는 이치입니다. 이것이 예수 그리스도께서 하시는 사역입니다. 이 내용을 좀 더 자세히 살펴봅시다.

고린도전서 15장 45절 "기록된 바 첫 사람 아담은 생령이 되었다 함과 같이 마지막 아담은 살려 주는 영이 되었나니"에서 예수 그리스도를 마지막 아담이라고 합니다. 즉 예수 그리스도는 첫 사람 아담의 족보를 끝내는 분이기 때문에 마지막 아담이라고 한 것입니다. 46절, 47절 "그러나 먼저는 신령한 사람이 아니요 육의 사람이요 그 다음에 신령한 사람이니라 첫 사람은 땅에서 났으니 흙에 속한 자이거니와 둘째 사람은 하늘에서 나셨느니라"에서는 둘째 사람은 예수 그리스도입니다. 예수 그리스도가 두 번째 대표자이기 때문입니다.

예수 그리스도는 첫 사람 아담이 만든 족보를 끝낸 마지막 사람이며 또한 죄인의 대표자였던 첫 사람의 족보를 끝내고 새롭게 시작한 둘째 사람입니다. 이것이 성경이 말하는 대표 원리입니다. 우리가 아담과 한통속일 수밖에 없었음이 사실인 만큼 이제는 그보다 더 넘치게 예수 그리스도와 한통속일 수밖에 없다는 사실 역시 알아야 합니다. 아담에게 사실인 것은 나에게 사실입니다. 예수 그리스도에게 사실인 것 또한 모든 믿는 자에게 사실일 수밖에 없습니다. 나는 범죄하지 않았는데도 아담 때문에 죽을 수밖에 없으며 죄를 짓지 않더라도 죄악 세상 가운데 살면서 부당한 형벌을 받을 수밖에 없는 것같이, 그리스도 안에 사는 모든 신자는 칭찬과 복과 약속을 받을 아무런 조건도 이유도 없는데 예수 그리스도 때문에 그것들을 받게 되었습니다. 이것이 신자의 기기묘묘함입니다.

은혜가 왕 노릇함

"이는 죄가 사망 안에서 왕 노릇 한 것 같이 은혜도 또한 의로 말미암아 왕 노릇 하여 우리 주 예수 그리스도로 말미암아 영생에 이르게 하려 함이라"(롬 5:21).

우리가 아담의 족보 속에서 살 때에는 죄가 왕 노릇을 했습니다. 그때 우리는 죄의 종이었습니다. 즉 우리는 원하는 대로 할 수 있는 자가 아니라 죄가 시키는 대로 할 수밖에 없는 자였습니다. 이는 단순히 나쁜 일을 하는 정도가 아니라 죄의 노예가 되어 스스로는 벗어날 수 없는 정도입니다. 그러나 예수 그리스도의 족보 속에서는 은혜가 왕 노릇을 합니다. 은혜가 왕 노릇을 한다는 것은 우리가 죄를 범해도 봐준다는 뜻이 아닙니다. 그것은 우리가 죄의 길, 즉 잘못된 길로 들어가서 궁극적인 자리로 빠지기 전에 하나님이 먼저 개입하신다는 뜻입니다. 율법 아래에서는, 죄가 왕 노릇 하는 자리에서 하고 싶은 대로 하도록 놓아두었다가 행한 후에야 이에 따른 형벌을 내리십니다. 그러나 그쪽으로 가면 결국 어떻게 될지 알기 때문에 그 자리까지 가기 전에 개입하시는 것이 은혜입니다. '그 길로 가면 큰일 난다. 그러니 지금 나의 말을 들어라. 매를 맞고서라도 고쳐라'라는 것이 은혜입니다. 무조건 '좋다. 괜찮다' 하는 것이 아닙니다.

어떤 문제를 해결하는 과정에서 '은혜롭게 합시다'라는 말을 종종 사용합니다. 보통은 '싸우지 말고 언성 높이지 말고 돌아갑시다. 원래 교회란 다 그런 것이지요. 뭐'라는 것을 은혜롭게 하는 방법이라고 생각합니다. 그러나 이러한 방식은 불의의 씨를 묵인하고 결국에는 그것을 키워서 몽땅 망할 때까지 두고 보자는 이야기입니다. 불의의 씨는 불을 밝히고서라도 찾아내야 합니다. 그래서 참으로 은혜롭게 해야 합니다. 온전한 것과 섞이기 전에 그것이 작을 때에 찾아내는 것이 은혜의 방법입니다. '은혜가 왕 노릇 한다'는 대목은 우리가 잘하고 못하고에 대한 문제가 아닙니다. 우리는 이제 과거에 하던 것을 못하게 되었다는 것입니다. 이와 관련된 사도 바울의 고민을 살펴봅시다.

"우리가 율법은 신령한 줄 알거니와 나는 육신에 속하여 죄 아래에 팔렸도다 내가 행하는 것을 내가 알지 못하노니 곧 내가 원하는 것은 행하지 아니하고 도리어 미워하는 것을 행함이라"(롬 7:14-15).

"내 속 곧 내 육신에 선한 것이 거하지 아니하는 줄을 아노니 원함은 내게 있으나 선을 행하는 것은 없노라 내가 원하는 바 선은 행하지 아니하고 도리어 원하지 아니하는 바 악을 행하는도다"(롬 7:18-19).

이 고백은 죄가 왕 노릇 하기 때문에 내가 하고 싶은 것을 할 수 없다는 뜻입니다. 우리는 옳고 그름을 몰라서 죄를 짓는 것이 아닙니다. 알아도 죄를 짓게 됩니다. 모두 경험했을 것입니다. 이와 같은 원리는 거꾸로도 적용됩니다. 우리가 예수 믿을 때 어려운 점 중 하나는 '다른 사람에게 선을 행하고 싶은 마음이 없는데 어떻게 그리스도인답게 살 것인가' 하는 문제입니다. 그런데 걱정할 필요가 없습니다. 이 경우에도 내가 하고 싶은 대로 되지 않기 때문입니다. 누군가가 나를 이쪽으로 밀어붙입니다. 그가 곧 예수님이고 성령님입니다. 이것이 바로 은혜입니다. 이것은 참으로 기쁜 일입니다. 우리는 그럴 수밖에 없는 자리에 들어와 있습니다.

로마서 5장 끝부분에 나온 '예전에 우리가 죄인이었을 때에 죄가 우리의 주인이었던 것처럼 이제 구원을 얻은 우리에게는 은혜가 주인이다'라는 내용이 8장 초두로 자연스럽게 연결됩니다. 즉 "그러므로 이제 그리스도 예수 안에 있는 자에게는 결코 정죄함이 없나니 이는 그리스도 예수 안에 있는 생명의 성령의 법이 죄와 사망의 법에서 너를 해방하였음이라 율법이 육신으로 말미암아 연약하여 할 수 없는 그것을 하나님은 하시나니 곧 죄로 말미암아 자기 아들을 죄 있는 육신의 모양으로 보내어 육신에 죄를 정하사 육신을 따르지 않고 그 영을 따라 행하는 우리에게 율법의 요구가 이루어지게 하려 하심이니라"(롬 8:1-4)라는 이야기입니다.

예수 그리스도 안에 있는 자에게 정죄함이 없는 이유는 무엇입니까? 앞에서 말했듯이 우리가 정죄당할 심판의 자리까지 가지 못하도록 은혜가 우리를 놔두지 않고 개입하여 막기 때문입니다. 그러니까 결국 정죄함이 없게 됩니다. 죄를 지어도 죄로 취급하지 않는다는 뜻이 아니라, 그 죄를 지어서 멸망할 자리까지 가도록 내버려 두지는 않는다는 말입니다.

예를 들어, 아이를 학교에 보냈더니 아이가 학교에 가지 않고 오락실로 갑니다. 그래서 부모가 그다음부터 오락실 앞에 도사견을 두어 아이가 오락실 앞에서 '아이고, 살려 주세요' 하고 도망갈 수밖에 없도록 만드는 것과 같습니다. 하나님이 이처럼 우리를 지키고 계십니다. 그래서 예수를 믿는 사람들이 동일하게 고백하는 내용이 있습니다. 예수 믿지 않는 사람은 무슨 일을 하든 하나님과 상관없지만 예수 믿는 사람은 한눈팔면 하나님에게 반드시 매를 맞는다는 것입니다. 그러니까 예수를 믿는 것이 훨씬 불편합니다. 그러나 이것은 하나님의 보호하심이며 하나님이 주시는 복입니다.

구원의 확실성

로마서 6장과 7장은 사도 바울이 기술하는 호흡이나 흐름으로
볼 때 로마서 5장과 8장 사이를 보충해 주는 장입니다. 3장부터 4
장, 5장에 이르기까지는 구원이 우리에게 어떻게 시작되었고 그
결과가 어떻게 주어지는지에 초점을 맞추고 있습니다. 8장에 가
서는 5장과 같은 주제로 이어져서 다시 그리스도 예수 안에서의
구원의 확실성을 제시합니다.

　사도 바울은 왜 5장과 8장 사이에 6장과 7장 내용을 제시할까
요? 우리가 받은 구원이 얼마나 확실한지를 자세히 알려 주기 위
해서입니다. 6장에서는, 새 사람으로 변화된 우리의 신분은 그리

스도 안에서 이루어져 있기 때문에 결코 취소될 수 없다고 하며, 이에 대한 확실한 증거로 우리와 예수 그리스도와의 연합을 제시합니다. 7장에서도 이와 같이 우리의 구원이 예수 그리스도와의 연합, 즉 예수 그리스도 안에서 이루어져 있기 때문에 결코 실패될 수 없다는 사실을 부각합니다. 율법 아래 죽을 수밖에 없는 절망적이고 처절한 인간의 상태를 묘사하며 상대적으로 예수 그리스도 안에서의 구원의 확실성을 나타냅니다.

죄에 거하겠느냐 그럴 수 없느니라

로마서 5장을 읽으면, '은혜가 왕 노릇 하는 구원을 얻고 그 완성의 자리에 들어가면 나는 아무것도 안 해도 되는가' 하는 질문이 나오게 됩니다. 5장 내용은 과거 우리가 죄인이었을 때, 아담의 자손에 불과했을 때는 선을 행하고 싶은 마음이 있어도 늘 죄의 자리에 가 있었듯이 이제 예수 그리스도 안에서는 내가 선한 일을 하지 않고 한눈을 파는데도 불구하고 예수 그리스도에게 잡혀가고 있다는 것입니다. 아담 안에 있었던 모든 것이 사실이었던 것같이 예수 그리스도 안에 있는 모든 것도 사실일 수밖에 없으며, 후자는 참 진리라고 합니다.

여기서 한 가지 의문이 제기됩니다. '그러면 예수 믿는 것은, 아무것도 안 해도 되는 것인가? 가만히 있어도 하나님이 밀고 가실 테니까'라는 물음입니다. 많은 사람이 '내가 한눈팔아서 죄의 자리에 가도 결국은 은혜가 나를 끌고 간다고 했으니까 내가 무얼 하고 있든 나를 끌고 가십시오'라는 식으로 생각합니다.

그래서 6장 1절이 이렇게 시작됩니다. "그런즉 우리가 무슨 말을 하리요 은혜를 더하게 하려고 죄에 거하겠느냐." 우리와 똑같이 생각하는 사람들이 역사 이래 무수히 많아서 성경에도 대표적으로 기록되어 있습니다. 이에 대한 답으로 2절에서 "그럴 수 없느니라 죄에 대하여 죽은 우리가 어찌 그 가운데 더 살리요"라고 합니다. 이 대목이 무슨 뜻인지를 살펴봅시다.

우리는 '은혜'라는 문제에 대하여 생각할 때마다 이렇게 착각하곤 합니다. 우리는 죄인의 자리에 있었을 때 우리가 요청하지도, 동의하지도, 협조하지도 않았는데 은혜로 말미암아 구원의 자리에 오게 되었습니다. 나를 죄인의 신분에서 의인의 신분으로 바꾸어 놓기 위해서 은혜가 동원되었는데 그 바꾸어 놓은 방법, 즉 과정에 대한 나의 인식, 나의 동의, 나의 협조가 없었다는 사실 때문에 나의 신분이 바뀐 것을 잊어버리고는 늘 '돌아가자. 돌아가자'라고 하는 것입니다.

죄를 범하고 민망해서 '돌아가도 되겠네. 돌아가면 또 꺼내 주실 테니까'라고 하는 것입니다. 이것은 말도 안 되는 이야기입니다. 마치 깡패 집단에 빠진 자식을 둔 부모가 많은 돈을 주고 꺼내 놓았더니, 자식이 '내가 돈을 주고 나온 것이 아니니까 다시 들어가면 나중에 또 꺼내 주겠지'라고 생각하는 것과 같습니다. 우리가 하나님에 대하여 이처럼 하고 있습니다. 이에 성경은 "그럴 수 없느니라 죄에 대하여 죽은 우리가 어찌 그 가운데 더 살리요"라고 합니다. 아담의 자손인 우리를 죽여서 꺼내어 예수 그리스도의 족보 안으로 데리고 왔는데, 그 일은 우리가 한 것이 아니므로 '또 한 번 돌아가자'라고 하는 것은 큰 오해에서 하는 말입니다. 이런 오해를 하게 된 이유 중 하나는, 우리의 신분이 은혜로 말미암아 바뀌어 의인의 신분으로 넘어왔다는 사실을 깨닫지 못해서입니다.

우리의 신분이 죄인에서 의인이 되었기 때문에 죄를 짓지 않는다는 뜻은 아닙니다. 대부분의 신자들은 의인의 자리로 들어와서 살다가 자신에게 죄의 뿌리가 있음을 발견하고 다시 죄에 빠지면 아담의 족보로 돌아갔다고 생각하는 경향이 있습니다. 이는 신자의 최대 '질병' 중 하나입니다. 성경은 이에 대하여 돌아가도 안 될 문제이며 돌아갈 수도 없다고 합니다. 우리는 아담의 족보에서 이미 죽어 아담의 족보로 돌아가는 일이 불가능하기 때문입니다.

신분의 변화와 수준의 변화를 혼동하면 안 됩니다. 신분이 변했다는 것과 수준이 완성되었다는 것은 천지 차이입니다. 수준이 완성되지 않아서 '나는 하나님의 자녀가 아닌가 보다'라고 생각하거나 주저앉아 버리는 것은 옳지 않습니다.

신자의 신자 됨

"무릇 그리스도 예수와 합하여 세례를 받은 우리는 그의 죽으심과 합하여 세례를 받은 줄을 알지 못하느냐 그러므로 우리가 그의 죽으심과 합하여 세례를 받음으로 그와 함께 장사되었나니 이는 아버지의 영광으로 말미암아 그리스도를 죽은 자 가운데서 살리심과 같이 우리로 또한 새 생명 가운데서 행하게 하려 함이라 만일 우리가 그의 죽으심과 같은 모양으로 연합한 자가 되었으면 또한 그의 부활과 같은 모양으로 연합한 자도 되리라 우리가 알거니와 우리의 옛 사람이 예수와 함께 십자가에 못 박힌 것은 죄의 몸이 죽어 다시는 우리가 죄에게 종 노릇 하지 아니하려 함이니"(롬 6:3-6).

하나님이 우리를 죄인의 신분에서 꺼내심은 이제 우리를 새 생명 가운데서 하나님의 자녀답게 살게 하기 위함입니다. 그런데 하나님의 자녀로 신분이 바뀌었음에도 불구하고 우리 안에는 여전히 옛 성품이 살아남아 있습니다. 구습이 남아서 계속 그 습성들이 나옵니다. 그러나 우리는 부름받았으므로 옛날의 생활 태도를 뜯어 고쳐야 합니다. '옛 사람을 벗어 버리고 새로운 사람으로 그리스도의 성품에까지 자라 가라.' 성경은 우리에게 늘 권면합니다.

로마서 6장 7절부터 10절에서는 "이는 죽은 자가 죄에서 벗어나 의롭다 하심을 얻었음이니라 만일 우리가 그리스도와 함께 죽었으면 또한 그와 함께 살 줄을 믿노니 이는 그리스도께서 죽은 자 가운데서 살아나셨으매 다시 죽지 아니하시고 사망이 다시 그를 주장하지 못할 줄을 앎이로라 그가 죽으심은 죄에 대하여 단번에 죽으심이요 그가 살아 계심은 하나님께 대하여 살아 계심이니"라고 합니다. 특히 '그가 죽으심은 죄에 대하여 단번에 죽으심이요'를 기억해야 합니다. 이 말씀은 신분적인 차원에서, 죄에 대하여 서서히 죽어 가고 의에 대하여 서서히 살아난다는 것이 아닙니다. 죄인에서 의인으로 신분이 바뀐 것은 선한 일을 하고 악한 행실을 하지 않아서 된 것이 아니라 예수 그리스도의 십자가로 말미암아 예수 그리스도가 죽으시는 그 순간, 단번에 일어난 일이라는 말입니다. 이제 죄인의 동네와는 전혀 관계가 없어지고 영원히 하나님의 자녀라는 신분이 된 것입니다.

그런데 우리는 참으로 부끄럽기 짝이 없는 자식입니다. 6장 11절에서는 "이와 같이 너희도 너희 자신을 죄에 대하여 죽은 자요 그리스도 예수 안에서 하나님께 대하여는 살아 있는 자로 여길지어다"라고 합니다. '여길지어다'라는 말은 아닌 것을 그렇게 여기라는 말이 아닙니다. 사실을 인정하라는 말입니다.

예를 들어, 한 남자아이가 있는데 성품이나 행실이 온순해서 같은 또래의 짓궂은 남자아이들에게 늘 괴롭힘을 당합니다. 친구라고는 여자 친구들밖에 없습니다. 아이의 아버지가 "너 좀 남자답게 굴어라"라고 했습니다. 이때 아버지는, 딸에게 남장을 시켜 놓고 '남자처럼 굴어라'라고 하는 것이 아니라 아들에게 '남자답게 굴어라'라고 말하는 것입니다.

이와 마찬가지로 성경이 우리에게 '너희 자신을 죄에 대하여는 죽은 자요 그리스도 예수 안에서 하나님께 대하여는 살아 있는 자로 여길지어다'(11절)라고 말하는 것은 사실을 사실대로 인정하고 그렇게 살라는 권면입니다. 이것은 하나님이 자녀 된 우리에게 말씀하시는 최고의 행동 강령입니다.

우리는 그리스도 안에서 거듭난 자입니다. 그런데 매일매일 하나님을 기쁘시게 하기보다는 그렇게 못할 때가 더 많습니다. 이 부분에 대해서는 이렇게 생각해야 합니다. 가장 어려운 운동 중 하나가 테니스입니다. 처음에는 하루 종일 공을 쳐서 상대방 코트로 세 개 이상 넘기면 잘한 것입니다. 하루 종일 공을 쳐도 세 개 밖에 못 넘겼다고 죽었다는 이야기는 없습니다. 코치는 선수를 완성시키기 위해서 계속 연습을 시킵니다. 그만큼밖에 못 한다는 것은 누구나 다 압니다. "세 개나 넘어오지 않았습니까!" 이것이 테니스를 처음 가르칠 때 하는 이야기입니다. 우리는 흔히 '97개가 아니라 3개밖에 안 넘어 갔어' 하고 낙담합니다. 보는 관점이 다르기 때문입니다. 지금 어느 단계에 와 있다고 생각합니까? 테니스로 비유한다면, 하루 종일 쳤는데 10개 정도 넘기는 수준입니까? 걱정할 것 없습니다. 잘하는 것입니다. 매우 훌륭합니다. 한 개도 못 넘기는 사람이 있지 않습니까? 성경이 신자에게 하는 위로이며 '박수'입니다.

우리는 우리가 가야 할 완성의 자리를 지금 우리의 수준과 비교하는 습성이 있어서 '나는 너무 엉망이야. 나는 할 수 없어'라고 합니다. 성경은 그렇게 말하지 않습니다. '신자다워라' 하는 이야기는 '희망을 가지고 계속 진행하라'라는 뜻입니다. 로마서 5장과 6장은 우리에게 '결국에는 도달한다. 그렇게 될 수밖에 없다'라고 합니다.

9장 \ 율법과 은혜

율법과 복음

로마서에서 7장만큼 난해한 부분은 없습니다. 7장에 나온 사도 바울의 기록에 대해, 율법과 복음을 구별하여 설명한 후 말씀 순서대로 풀어 가며 해설하고자 합니다.

예수 그리스도를 구주로 영접한 자에게 제기되는 문제 중 하나는 율법과 복음의 상관관계입니다. 즉 하나님이 우리에게 율법을 왜 주셨으며 복음을 왜 주셨는가 하는 문제입니다. 복음으로 말미암아 구원을 얻는다는 측면은 쉽게 이해하지만, 율법을 왜 주셨는가 하는 문제에 있어서는 상당히 크게 곡해합니다. 율법에 대해서는 율법으로 말미암아 죄를 깨달을 수 있다는 소극적 입장만 알고 있으며 율법은 우리를 죽이는 것이고 율법으로는 구원 얻지 못한다는 대목들 때문에 하나님이 우리에게 율법을 주신 적극적 이유를 정확하게 알지 못합니다. 이번 장에서는 율법과 복음이 서로 어떻게 보완되며, 또한 어떻게 대조되는지를 살펴보려고 합니다.

옛 언약과 새 언약의 차이

"이 언약은 내가 그들의 조상들의 손을 잡고 애굽 땅에서 인도하여 내던 날에 맺은 것과 같지 아니할 것은 내가 그들의 남편이 되었어도 그들이 내 언약을 깨뜨렸음이라 여호와의 말씀이니라 그러나 그 날 후에 내가 이스라엘 집과 맺을 언약은 이러하니 곧 내가 나의 법을 그들의 속에 두며 그들의 마음에 기록하여 나는 그들의 하나님이 되고 그들은 내 백성이 될 것이라 여호와의 말씀이니라 그들이 다시는 각기 이웃과 형제를 가르쳐 이르기를 너는 여호와를 알라 하지 아니하리니 이는 작은 자로부터 큰 자까지 다 나를 알기 때문이라 내가 그들의 악행을 사하고 다시는 그 죄를 기억하지 아니하리라 여호와의 말씀이니라"(렘 31:32-34).

이 말씀은 구약에서 율법과 대조를 이루며 등장하는 복음에 대한 예언 중 가장 직접적인 예언입니다. 우리는 흔히 새 언약을 복음이라고 하며 이에 대칭되는 언약을 율법이라고 합니다. 여기서 명백히 알아야 할 것이 있다면, 예전에 세웠던 율법이라는 언약과 이제 세울 복음이라는 언약은 서로 어떻게 다른가입니다.

다시 말해 새 언약은 옛 언약에서 어느 부분이 개정되었는가 하는 것인데 지켜 행하라고 율법을 주셨다면, 복음은 믿으라고 주신 은혜임을 주시해야 합니다. 즉 율법은 행위의 법이고, 복음은 은혜임이 두 언약 간의 분명한 차이입니다. 그런데 이렇게 볼 때 문제가 생깁니다. 하나님이 행위로써 구원을 얻게 하시려고 율법을 주셨는데 그 율법으로 구원이 불가능해지자 새로이 복음을 주신 것이라면 율법을 주신 일은 시행착오라고밖에 생각되지 않습니다. 율법에 대해 하나님이 한 번 실패하셨다고 여기게 됩니다. 그래서 우리는 새 언약과 옛 언약의 차이를 이해하기 위하여 예레미야 31장 31절부터 34절 말씀을 자세히 살펴볼 필요가 있습니다. "여호와의 말씀이니라 보라 날이 이르리니 내가 이스라엘 집과 유다 집에 새 언약을 맺으리라."

새 언약을 세우겠다고 하십니다. 계속해서 이 새 언약은 '내가 그들의 조상들의 손을 잡고 애굽 땅에서 인도하여 내던 날에 맺은 것과 같지 않다'라고 말씀합니다. 즉 출애굽 할 때 세웠던 언약과는 다르다는 뜻입니다. 보통 '새'가 붙은 '새 언약'이라고 하면 명칭부터 달라졌으니 그 내용도 달라졌으리라고 보는 것이 우리의 일반적 상식입니다. 언약이 바뀌면 내용도 바뀌는 법입니다. 따라서 우리는 옛 언약이 구원을 위한 언약이었다면 새 언약은 다른 목적을 위한 언약일 것이라고 기대합니다. 그러나 성경은 두 언약이 목적하는 면에서는 전혀 달라지지 않았음을 보여 줍니다.

새 언약의 목표는 33절에 기록된 대로 '나는 그들의 하나님이 되고 그들은 내 백성이 될 것이라'입니다. 이것은 언제부터 한 언약입니까? 아브라함 때부터 하신 약속입니다.

하나님은 아브라함에게도 '내가 너를 여러 민족의 아버지가 되게 함이니라 … 내가 내 언약을 나와 너 및 네 대대 후손 사이에 세워서 영원한 언약을 삼고 너와 네 후손의 하나님이 되리라'(창 17:5-7)라고 하셨습니다. 아브라함에게 하신 이 언약은, 이삭과 야곱에게도 세우신 동일한 언약이며 또한 모세에게 출애굽 사명을 줄 때에도 이스라엘 백성과 세우신 언약입니다. 즉 '내가 내 백성을 애굽에서 구원하리니 나는 그들의 하나님이 되고 그들은 내 백성이 되리라'는 이 언약의 내용은 변하지 않았습니다.

옛 언약과 새 언약의 차이점은 구원을 이루시는 하나님의 방법에만 있습니다. 그 차이점은 '내가 나의 법을 그들의 속에 두며 그들의 마음에 기록하여 나는 그들의 하나님이 되고 그들은 내 백성이 될 것이라'(렘 31:33)라는 말씀에 나타나 있습니다. 옛 언약은 바깥에 있었으나 새 언약은 속에 두었다는 것입니다. 바깥에 있었다는 의미는 '내가 그들의 남편이 되어 손을 잡아 끌면서 인도하였는데도 그들은 내 말을 듣지 않았다'(렘 31:32)라는 대목과 관련지어 볼 때 더 분명해집니다.

우리는 보통 옛 언약과 새 언약이 내용 면에서 달라졌을 것이라는 선입관을 갖는데, 성경은 언약 '내용'이 바뀐 것이 아니라 언약을 이루시는 '방법'이 달라졌을 뿐이라고 합니다. 하나님이 언약을 완성하기 위해 보다 강력한 방법을 쓰셔서 밖에 있던 것을 안에 두신 것입니다. 변함없이 그 목표를 완성하기 위하여 이제는 하나님의 법을 우리 마음에 두신 것입니다. 이것이 새 언약이며 옛 언약과의 차이입니다. 즉 율법과 복음에 대하여 말할 때, 이전에는 행위로 지키라고 한 것이고 지금은 은혜로 주신다고 한 것입니다. 행위에서 은혜로 바뀐 것은 하나님이 언약을 완성하기 위해 보다 강력한 방법을 사용하셨다는 뜻입니다.

율법의 기능과 목적

율법을 주신 의미와 이유는 무엇입니까? 율법은 출발점에서 목적지까지 가는 데 주요 지점들을 명확하게 표시해 놓은 약도 같은 역할을 합니다. 즉 약도가 지시하는 대로 따라가면 목적지에 도달할 수 있듯 율법대로 지켜 행하면 구원을 얻습니다. 그런데 여기서 문제는 인간이 맹인이라는 사실입니다. 율법이라는 약도는 받았으나 볼 수 없는 처지이므로 율법이 지시한 목적지까지 도달할 능력이 없습니다. 2장에서 말했듯 이스라엘 백성은 하나님으로부터 율법을 받은 민족이지만 진정 그것을 지킬 수 없기에 율법이라는 약도를 둘둘 말아서 지팡이로 사용하며 더듬고 다녔습니다. 그들이 율법을 제대로 보았다면 예수 그리스도를 십자가에 못 박지는 않았을 것입니다. 예수 그리스도를 십자가에 처형한 사건은 인간이 맹인임을 보여 주는 가장 큰 증거입니다. 예수께서 '너희가 아브라함의 자손이면 하나님을 믿으면서 어떻게 나를 죽이려고 하느냐'(요 8:39-40)라고 말씀하셨습니다. 율법은 예수 그리스도께로 인도하는 약도이므로 그것을 제대로 보았다면 예수 그리스도를 영접하게 된다는 뜻입니다.

이스라엘 백성은 약도를 보고도 도착 지점에 못 간 것이 아니라 그 약도를 볼 줄 모르는 맹인이었기 때문에 약도와 상관없이 자기 마음대로 길을 간 것입니다. 맹인은 아무리 정확한 약도를 가지고 있어도 그것을 보고 목적지까지 찾아갈 수가 없습니다. 예레미야서에서는 이에 대해 여호와가 그들의 남편이 되었어도, 그들을 잡아끌어도 안되었던 문제라고 지적합니다. 이 문제를 해결하기 위하여 하나님은 법을 마음 판에 새기기로 하셨으며 마음속에 넣기로 하셨습니다. 맹인인 우리 눈을 밝히는 일이 선행된 것입니다. 눈을 밝히는 작업에서 복음이 주어집니다. 율법을 약도라고 한다면 복음은 눈을 뜨게 하는 '치료'입니다.

눈을 뜨고 나서 신자에게 필요한 것은 복음이 아니라 율법입니다. 맹인을 인도하는 것은 복음이지만 눈 뜬 자를 인도하는 것은 율법입니다. 그런데 율법은 눈 뜬 우리를 목적지까지 도달시키지 못하고, 우리를 정죄하는 것이 되었다고 성경은 이야기합니다. 율법 자체가 우리를 정죄하는 것이 아니라 율법을 받고도 목적지에 못 간 우리의 잘못이 드러나는 점에서 율법이 우리를 정죄한다고 합니다. 율법 자체가 우리를 심판하는 것이 아니라 율법으로 인하여 우리의 잘못이 드러나는 것입니다. 율법은 무용지물이 아닙니다. 오늘날 신자들이 율법을 가볍게 여기는데 이는 큰 잘못입니다. 복음으로 눈을 뜬 자는 율법을 따릅니다.

복음은 앞을 볼 수 없던 우리 눈을 예수 그리스도로 말미암아 뜨게 합니다. 우리에게는 율법이 제시한 길을 갈 능력이 없는데 예수 그리스도를 통해 그 길을 갈 수 있습니다. 이것이 복음이 주는 가장 큰 메시지입니다. 율법이 지시하는 길은 예수 그리스도의 은혜로 시작되고 끝납니다. 거기에는 우리의 자발적 협조와 의지의 동원 또한 있어야 합니다. 즉 율법의 요구에 순종하며 살아야 합니다. 이제는 눈을 떴으므로 약도를 보고 목적지까지 찾아가야 합니다. 그런데 우리는 눈을 떴는데도 약도를 들고 출발하려고 하지 않습니다. 이것이 문제입니다.

구원을 얻은 후 십계명을 심각하게 생활 지침으로 삼은 사람이 있습니까? 우리 대부분은 십계명을 준수하는 일에는 등한하며 율법을 경홀하게 여기면서 사람들에게 '와서 예수 그리스도를 만나시오'라고 하지 않습니까? 우리는 모든 사람이 구원 얻도록 전도해야 하며, 거듭나야 한다고 전해야 합니다. 동시에 본인도 목적지로 가고 있어야 합니다. 율법이 지시하는 대로 살아야 합니다. 모두가 광야로 나가려 하지도 않고, 가나안에는 가 본 적 없는 상태로 머물러 있으려 합니다. 그래서 율법이 할 일을 못합니다. 이것을 성경이 어떻게 이야기하는지 로마서 본문으로 돌아가서 살펴봅시다.

"우리가 육신에 있을 때에는 율법으로 말미암는 죄의 정욕이 우리 지체 중에 역사하여 우리로 사망을 위하여 열매를 맺게 하였더니 이제는 우리가 얽매였던 것에 대하여 죽었으므로 율법에서 벗어났으니 이러므로 우리가 영의 새로운 것으로 섬길 것이요 율법 조문의 묵은 것으로 아니할지니라"(롬 7:5-6).

이 말씀에서 영과 율법을 대조합니다. 영으로 사는 것은 성령을 따라 생활하는 것이지 율법을 따라 생활하는 것이 아니라고 합니다. 영으로 살고 율법으로 하지 않는다는 대목에서 이 대조는 눈을 뜨는 작업인 구원 얻는 문제에만 해당됩니다. '우리가 율법의 묵은 것으로 하지 않고 영의 새로운 것으로 한다'라는 말씀은 예레미야 31장에서 본 바와 같이 우리 눈이 어떻게 뜨였는지, 구원 얻는 방법의 차원에서 하는 이야기입니다. 성경은 이같이 구원 얻는 과정에 관해 설명할 때는 율법과 성령 두 가지를 분명히 구분하여 설명합니다. 그런데 신자라면, 구원을 얻은 후에는 성령으로만 살기보다 율법의 요구대로 살아야 한다는 인식을 가지고 생활해야 한다고 합니다. 즉 야고보서 2장 26절에서는 "영혼 없는 몸이 죽은 것 같이 행함이 없는 믿음은 죽은 것이니라"(약 2:26)라고 합니다. 구원을 얻자 이제는 드디어 율법으로 말미암아 걸어갈 목표가 있고 그 목적지를 향하여 출발해야 한다는 이야기입니다. 출발선에 설 수 있는지의 문제와 출발선에 서게 된 이후 얼마큼 걸어갈 수 있는지의 문제를 혼동하지 마십시오.

"너희는 우리로 말미암아 나타난 그리스도의 편지니 이는 먹으로 쓴 것이 아니요 오직 살아 계신 하나님의 영으로 쓴 것이며 또 돌판에 쓴 것이 아니요 오직 육의 마음판에 쓴 것이라"(고후 3:3).

"그가 또한 우리를 새 언약의 일꾼 되기에 만족하게 하셨으니 율법 조문으로 하지 아니하고 오직 영으로 함이니 율법 조문은 죽이는 것이요 영은 살리는 것이니라"(고후 3:6). 이 말씀에서 돌판에 쓴 십계명이나 율법 조문은 결코 우리 눈을 뜨게 하지 못하기 때문에 아무리 좋은 안내판이라 해도 소용이 없고 도리어 맹인을 정죄하여 죽이는 것이라고 합니다. 율법의 지시와 인도를 받을 수 없다면 목적지를 향해 갈 도리가 없기 때문입니다.

복음은 구원을 주는 문제이며, 율법은 구원 얻은 자가 신자로서 마땅히 지켜야 할 삶의 도리이므로 구원 얻게 된 것과 구원 얻은 자로서 갖는 율법의 필요성을 혼동하지 말아야 합니다.

다음 말씀은 율법의 의미를 좀 더 분명히 해 줍니다. "우리가 알거니와 무릇 율법이 말하는 바는 율법 아래에 있는 자들에게 말하는 것이니 이는 모든 입을 막고 온 세상으로 하나님의 심판 아래에 있게 하려 함이라 그러므로 율법의 행위로 그의 앞에 의롭다 하심을 얻을 육체가 없나니 율법으로는 죄를 깨달음이니라"(롬 3:19-20). 율법이 제시되자 우리에게 문제가 있음을 인정하지 않을 수 없게 된 것입니다. 율법이라는 가장 좋은 조건을 제시하였음에도 불구하고 목적지까지 가지 못했을 때 우리에게 문제가 있다는 사실이 드러납니다. '의인은 없나니 하나도 없다'(롬 3:10)라는 말씀은 우리가 해결해야 할 문제를 깊이 인식하게 하여 문제점을 자인하게 합니다. 이로써 우리가 복음의 필요성을 절감하며 예수 그리스도로 말미암아 구원을 얻은 단계에 머물러 있지 않고 목적지까지 나아가게 됩니다.

사도 바울이 로마서에서 제시하는 내용의 핵심은, 하나님이 어떤 열심을 가지고 어떤 대가를 치르면서까지 이 일을 이루시는가 입니다. 우리는 목적지까지 가고 말겠다는 각오를 가지고 살다가도 때로 죄에 빠지고 좌절합니다. 그러나 하나님이 우리 안에 역사하셔서 그 일을 이루기 위해 약속하심으로, 좌절과 절망과 자포자기 상태에 놓인 우리를 위로하고 분발하게 하십니다.

율법의 정당성

"그런즉 우리가 무슨 말을 하리요 율법이 죄냐 그럴 수 없느니라 율법으로 말미암지 않고는 내가 죄를 알지 못하였으니 곧 율법이 탐내지 말라 하지 아니하였더라면 내가 탐심을 알지 못하였으리라 그러나 죄가 기회를 타서 계명으로 말미암아 내 속에서 온갖 탐심을 이루었나니 이는 율법이 없으면 죄가 죽은 것임이라"(롬 7:7-8).

이 말씀에는, 커트라인이 있어야만 우리가 그 기준에 미치지 못했을 경우에 미달되었다는 사실이 자명해진다는 뜻이 담겨 있습니다. 율법은 하나님의 뜻에 기준을 두고 설정된 것으로, 우리에게 그 기준을 분명하게 보여 줍니다. 곧 율법이 '탐내지 말라'라고 하지 않았다면 내가 '탐심'을 알지 못했을 것이라는 뜻입니다.

탐심이란 말은 '강하게 바라는 것'을 의미합니다. 탐심이라는 말은 주로 악한 의미로 사용되며 하나님이 금지하신 것을 바라고 갈망하는 일을 의미합니다. 사도 바울은 탐심에 대해 말할 때 우리가 선하다고 생각하는 것 자체도 죄에 물들어 있다고 합니다. 성경에서 이를 가장 잘 설명하는 부분은 다윗의 밧세바 사건입니다. 다윗은 처음에 이 사건을 죄로 여기지 못한 듯합니다. 이는 나단이 그 사건을 지적했을 때 다윗이 매우 울어서 눈물로 침

상을 뜨게 했다는 기록을 보고 알 수 있습니다. 그 울음에는 다윗이 죄를 지적받고 나서 자기가 한 일이 무엇인지를 깨닫고 그제야 너무 놀랐다는 의미가 담겨 있습니다. 그 이전에는 이스라엘의 한 아름다운 남자가 아름다운 여자를 만났다고만 생각했을지 모릅니다. 최고의 여자와 최고의 남자가 만나 사랑한다는 선한 의도를 가지고 있었을지도 모릅니다. 그런데 나중에 알고 보니 그것이 죄였음을 알고 소스라치게 놀라는 표현들이 있습니다.

우리 생활 속에서도 종종 이러한 경우들이 있습니다. 분명히 선한 의도로 했고 그 목적도 선한데 이웃에게 피해를 주는 경우입니다. 피해를 주는 줄도 모르는 경우가 많습니다. 대표적인 예가, 예수를 잘 믿고 하나님에게 좀 더 영광을 돌리기 위해 전도한답시고 이웃집의 초인종을 누르는 일입니다. 분명히 선한 의도와 선한 목적을 가지고 일하지만 당하는 쪽에게는 피해입니다. 물론 우리 쪽에서는 상대방이 예수를 안 믿으려고 하는 것이 피해이지만, 그쪽에 피해를 준다고 생각하지는 못합니다. 성경은 율법을 둘로 나누어 한편은 '하나님을 공경하라'라고 하고 다른 한편은 '이웃을 사랑하라'라고 합니다.

'이웃을 사랑하라'라는 말을 부정적 표현으로는, '네 이웃의 것을 탐내지 말라'라고 합니다. 이 말속에는 이웃에게 손해를 끼치지 말라는 뜻보다는 우리가 자연스럽게 갖는 욕구가 얼마나 죄로 물들어 있는지를 알라는 뜻이 포함되어 있습니다.

법이 없었을 때에는 내가 하고 싶으면 하고 하기 싫으면 안 하면 그만이었는데, 율법이 들어와 내가 해야 할 것과 해서는 안 될 것이 명확해짐으로써 분명한 지침이 생깁니다. 그런데 그 계명에 이르자 그것을 결코 지키지 못하는 내가 드러납니다. 죄가 살아납니다. 즉 우리는 하나님을 섬기는 법을 몰라서 안 하는 것이 아니라 알면서도 못하는 것입니다.

'주여, 이것은 제가 해서는 안 됩니다. 하지 않게 해 주옵소서'라고 기도하면서 우리는 그 죄악의 길로 달려갑니다. '이 시험에서 건져 주옵소서'라고 하면서도 그리로 달려가는 현실이 우리의 모습입니다. 이는 참으로 놀라운 일입니다. 그래서 사도 바울은 "생명에 이르게 할 그 계명이 내게 대하여 도리어 사망에 이르게 하는 것이 되었도다 죄가 기회를 타서 계명으로 말미암아 나를 속이고 그것으로 나를 죽였는지라"(롬 7:10-11)라고 고백합니다.

"이로 보건대 율법은 거룩하고 계명도 거룩하고 의로우며 선하도다 그런즉 선한 것이 내게 사망이 되었느냐 그럴 수 없느니라 오직 죄가 죄로 드러나기 위하여 선한 그것으로 말미암아 나를 죽게 만들었으니 이는 계명으로 말미암아 죄로 심히 죄 되게 하려 함이라"(롬 7:12-13).

원래 율법의 목적과 하나님의 목적은 선하게 출발했는데 그것이 우리에게로 와서 악으로 드러나게 되어 우리에게 문제가 있음이 명백해졌습니다. 우리에게 문제가 있는 이상, 율법이 그 역할을 하면 할수록 우리의 잘못은 더욱 밝히 드러나고 심히 죄가 됩니다. 율법이 들어옴으로써 우리가 죄를 더 많이 범하게 되었다는 뜻이 아니라 율법이 죄를 밝히 지적함으로써 우리가 죄인이라는 사실이 확실해졌다는 뜻입니다.

율법의 한계 및 하나님의 은혜

"우리가 율법은 신령한 줄 알거니와 나는 육신에 속하여 죄 아래에 팔렸도다 내가 행하는 것을 내가 알지 못하노니 곧 내가 원하는 것은 행하지 아니하고 도리어 미워하는 것을 행함이라 만일 내가 원하지 아니하는 그것을 행하면 내가 이로써 율법이 선한 것을 시인하노니 이제는 그것을 행하는 자가 내가 아니요 내 속에 거하는 죄니라"(롬 7:14-17).

"내 속사람으로는 하나님의 법을 즐거워하되 내 지체 속에서 한 다른 법이 내 마음의 법과 싸워 내 지체 속에 있는 죄의 법으로 나를 사로잡는 것을 보는도다 오호라 나는 곤고한 사람이로다 이 사망의 몸에서 누가 나를 건져내랴"(롬 7:22-24).

신자에게는 이와 같은 갈등이 있습니다. 내 속에서는 하나님의 법을 즐거워하는데 실제로는 내가 그 법을 지키지 못하고 날마다 죄 아래에 팔려 가 있기에 '오호라 나는 곤고한 사람이로다'라고 고백하는 것입니다. 이런 고백과 갈등이 없는 사람은 불신자입니다. 불신자는 이런 갈등 없이 살아갑니다. 그들은 '속사람'도 하나님을 좋아하지 않고 '겉사람'도 하나님을 좋아하지 않기 때문입니다.

그들과 달리 우리는 하나님의 법을 좋아하지만 늘 죄가 우리를 잡아가서 지배합니다. 하나님의 법을 따르고 싶어도 그러지 못해 갈등을 겪습니다. 우리의 겉사람은 율법을 지키지 못하고 날마다 죄 아래에 팔려 가서 죄의 지배를 받기 때문입니다. 이 갈등에 대한 해결책이 25절에 제시됩니다.

"우리 주 예수 그리스도로 말미암아 하나님께 감사하리로다 그런즉 내 자신이 마음으로는 하나님의 법을 육신으로는 죄의 법을 섬기노라"(롬 7:25). 즉 우리는 의지만으로는 율법을 지키지 못하는 자들로서 예수 그리스도로 말미암아 은혜가 다스리게 되는, 주인이 바뀐 자리로 인도함을 받았습니다. 이렇게 문제가 해결됩니다. 죄를 범할 수밖에 없었던 것은 죄가 나의 주인이 되어서 나에게 명령하고 나를 지배했기 때문이지만 이제는 은혜가 나의 주인이 되어 나에게 명령하고 나를 지배하게 된 것입니다. 여전히 많은 부분에서는 죄의 구습을 따를지라도 이제는 은혜가 주인이 되었기에 점차 죄에서 벗어나게 될 것입니다.

이 부분을 8장 초두와 관련하여 좀 더 살펴보겠습니다. 25절에 기록된 대로 마음으로는 하나님의 법을 섬기고 육신으로는 죄의 법을 따르면서도 하나님에게 감사를 드리는 이유는 무엇입니까? 25절 초두인 '하나님께 감사하리로다' 다음에 곧 8장 1절 '그리스도 예수 안에 있는 자에게는 결코 정죄함이 없나니'로 연결되어야 하는데 그 중간에 '내 자신이 마음으로는 하나님의 법을 육신으로는 죄의 법을 섬기노라'라고 합니다. 이 대목은 내가 아무리 마음으로 하나님의 법을 사모해도 내 주인이 죄일 때에는 죄의 지배를 받을 수밖에 없다는 뜻입니다. 이와 동일한 원리로, 내 주인이 은혜일 때에는 내가 아무리 죄를 좋아한다고 해도 은혜의 지배를 받기 때문에 죄와 상관없이 은혜에 얽매이게 됩니다. 그래서 8장 1절에서 "그러므로 이제 그리스도 예수 안에 있는 자에게는 결코 정죄함이 없나니"라고 한 것입니다. 이 말씀이 이제까지 우리가 배운 모든 내용의 결론입니다.

이제는 우리가 죄를 짓지 않는 것이 아니라, 예수 그리스도 안에 있게 됨으로 말미암아 심판받을 자리에 이르지 않도록 은혜가 늘 우리를 이끌어 간다는 말입니다. 죄를 범해도 정죄하지 않는다는 뜻이 아니라, 죄를 져서 심판받을 자리에 이르도록 그냥 내버려 두지 않고 개입하신다는 말입니다. "이는 그리스도 예수 안에 있는 생명의 성령의 법이 죄와 사망의 법에서 너를 해방하였음이라"(롬 8:2). 은혜가 죄로부터 우리를 해방하여 생명의 성령의 법 아래 있게 했습니다. 계속해서 8장 3절과 4절 말씀을 봅시다.

"율법이 육신으로 말미암아 연약하여 할 수 없는 그것을 하나님은 하시나니 곧 죄로 말미암아 자기 아들을 죄 있는 육신의 모양으로 보내어 육신에 죄를 정하사 육신을 따르지 않고 그 영을 따라 행하는 우리에게 율법의 요구가 이루어지게 하려 하심이니라"(롬 8:3-4).

'율법이 육신으로 말미암아 연약하여 할 수 없다'는 말씀, 즉 율법이 연약하여 그 기능을 발휘할 수 없었던 이유는 무엇입니까? 로마서 5장에서 살펴본 대로 우리가 맹인이었기 때문입니다. 이로써 죄 없는 예수 그리스도를 육신의 모양으로 태어나게 하심으로 우리를 아담의 족보에서 끊어 새롭게 태어나게 하여 우리의 눈을 뜨게 하셨습니다. '율법의 요구를 이룬다'는 말씀은 구원을 얻으라는 말이 아니라 눈을 뜨게 되었으니 약도를 따라가서 목적지에 이르라는 말입니다. 율법이 우리에게 요구했던 일들이 이제는 우리에게 필요한 것이 되었습니다. "육신을 따르는 자는 육신의 일을, 영을 따르는 자는 영의 일을 생각하나니 육신의 생각은 사망이요 영의 생각은 생명과 평안이니라"(롬 8:5-6).

이제 우리가 율법의 요구를 이루어 가는 것이, 생명과 평안의 자리까지 오는 길임을 압니다. 그런데도 우리는 '7장'에서 왔다 갔다 합니다. 매일 죄에 잡혀가고 맙니다. 거기서 우리는 구원이 무엇이며, 율법이 하는 일이 무엇이며, 은혜라는 단어가 어떻게 쓰이는지를 알고 스스로를 거룩히 구별하고 주 앞에 자신을 맡길 수밖에 없게 됩니다. 성경이 말하는 그 사실들을 알 때, 죄를 덜 저지르게 되는 것이 아니라 저지른 죄에 대한 죄책감이 깊어지기 때문입니다. 그래서 죄를 짓고 대강 얼버무리고 합리화하려고 하기보다는 '아직도 내가 구습을 못 버리고 있구나. 또 죄를 졌구나. 하나님이 혼내실 텐데. 큰일 났네' 하며 자책이 더 커지고 죄에서 돌이키는 도전을 더 깊이 받습니다. 매 맞는 것이 얼마나 아픈지를 아는 사람이 '회초리 가져와' 하는 말 한마디에 돌이킬 수 있듯이, 하나님을 알 때 하나님이 조금만 손을 대셔도 즉시 깨닫고 돌아옵니다.

우리가 어떤 자리에 있으며 하나님이 얼마나 큰 사랑과 열심으로 우리를 대하시는지를 늘 깊이 생각하며 살아야 하겠습니다.

10장 \ 예정과 책임

그 수준에 도달하도록

이 책에서는 로마서 전체 16장 중에서 8장까지만을 다루고 있습니다. 이번 로마서 공부를 통하여 '기독교는 이제까지 내가 알던 것보다 깊구나'라는 깨달음만이라도 갖게 된다면 저로서는 더할 나위 없이 기쁘게 생각합니다.

저는 어릴 때부터 교회에 다녔는데 가장 의아했던 문제는 '기독교의 내용은 왜 이렇게 가난한가'였습니다. 기독교에 대해서는, 죽으면 천국에 가는 것 외에는 할 말이 없는 것처럼 배워 왔습니다. 무슨 이야기를 해도 '죽으면 천국 간다'는 말로 대신하고 넘어갑니다. 마치 부모들이 자녀 앞에서 말이 막히면 '어디다

대고 눈을 부릅뜨니? 누가 어른에게 말대답을 해!'라고 하는 상황 같습니다. '너 죽어서 지옥 갈래?'라고 하면 할 말이 없어지는 것입니다. 즉 삶의 문제에 대해서 성경적인 해답을 받지 못했습니다. 나중에 성경의 깊이를 깨닫고 나서 기독교가 얼마나 풍성하게 삶의 내용을 담고 있는지 알게 되었습니다.

성경을 읽고 또 읽어서 '이제 다 왔겠지' 하고 보면 거기가 또 하나의 코너입니다. 그곳을 돌아서면 다시 새로운 광경이 펼쳐집니다. 이번 로마서 강의는 그 풍성함의 일부분입니다. 로마서를 온전히 설명하고 가르칠 사람은 사도 바울 한 사람밖에 없습니다. 로마서를 배울 때 각 사람은 사도 바울이 하는 이야기의 어느 한 부분을 이해하는 것이라고 보아야 합니다.

로마서 8장은 28절을 분기점으로 1절부터 27절과 31절부터 39절로 나뉩니다. 28절부터 30절은 예정론이라고 부르는 대목입니다. 28절부터 30절에 나타난 예정론을 중심으로 살펴보면, 그 앞부분과 뒷부분은 같은 내용을 마치 손바닥과 손등으로 설명하듯이 이야기합니다.

사도 바울은 로마서를 통하여 1장부터 5장까지에는 우리가 어떻게 구원을 얻었는가, 믿음이 무엇인가, 예수 그리스도께서 어떻게 우리를 구원하실 수 있었는가에 대하여 진술하였으며 6장과 7장에는 은혜가 무엇인가, 율법이 무엇인가에 대하여 진술하였습니다. 이제 8장 서두를 '그러므로'로 시작함으로써 앞에서 진술하였던 모든 내용에 대한 결론에 이르렀음을 보여 줍니다. 즉, 우리가 받은 구원이 어떤 경우에도 실패되지 않음을 확실히 하기 위하여 사도 바울은 8장 후반부터 예정론을 제시합니다.

우리는 예정론에 대하여 '미리 정해 놓았다'는 논리로 이해합니다. 그러면 하나님이 우리를 예정하셨다고 할 때, 즉 우리의 구원이 하나님의 손에 달려 있다면 하나님이 택하신 자와 택하지 않으신 자는 이미 계획되어 있으므로 택함을 받은 자는 구원을 위한 노력을 하지 않아도 되고 택함을 받지 못한 자는 아무리 노력해도 구원을 얻지 못하는 고정된 운명에 처한 것인가 하는 문제가 대두됩니다. 한 걸음 더 나아가 우리 일상생활 속에서 나의 활동은 하나님의 결정에 의해서 움직이는 것인지, 아니면 나의 선택에 의한 것인지 어려움에 빠집니다.

또한 예정론이 인간의 자유의지와 상충되는 문제로 제기되는데, 하나님이 일을 다 하신다면 우리는 할 일이 없고 우리가 뭔가를 하면 하나님의 예정에 제약이 생기는 것 아니겠는가 하는 문제입니다.

성경은 예정에 대하여 이야기할 때 우리의 운명과 전 생애가 가는 길이 고정되어 있다는 뜻에서 하지 않고, 하나님이 지성을 가지고 계시다는 의미로 이야기합니다. 하나님이 지성을 가지셨다는 것은, 하나님이 인간의 전 생애를 출생부터 사망 그 이후까지 하나의 도표로 그려 놓고 인간이 그 도표 안에서만 활동하며 살아가도록 그 모든 발걸음을 미리 정해 놓고 인간을 출생시키셨다는 뜻이 아닙니다. 우리 인생은 태엽을 감아서 레일 위에 올려놓은 장난감 기차와 같은 것이 아닙니다. 예정론을 '하나님이 사람의 인생 코스를 설정해 놓은 것'이라고 보는 견해는 하나님을 극히 평가절하하고 인간의 수준을 무시한 견해라고 생각합니다. 지성을 가진 사람은 어떤 일을 이루고자 할 때 계획과 목표를 설정하고 일하는 법입니다. 하나님도 그렇게 하십니다. 하나님이 예정하신다는 것은, 어떤 일을 하실 때 계획과 목표를 가지고 일하신다는 의미입니다. 특히 한 인간을 출생시킬 때에 그를 어느 지점, 어느 수준까지 도달시키겠다는 목표를 정하고 그에 따른 계획 아래에서 그를 출발시키십니다. 인간은 자유의지로 각자의 생애 곳곳에서 그 계획에 대해 '예' 또는 '아니요'라고 할 수 있으며 '보류하겠습니다'라고 답할 수도 있습니다.

다시 말해서 운명은 결정적이지만 인생 과정은 그때그때 다릅니다. 하나님이 어떤 사람을 도착하게 하려는 지점은 장소가 아니라 수준입니다. 즉 하나님의 목표는 돌멩이를 옮겨 놓듯이 우리를 가져다 올려놓는 것이 아니라 우리의 수준을 목표하신 지점까지 높이시는 것입니다. 이 수준에 가야 할 사람은 바로 하나님이 계획하신 우리입니다. 우리가 그 수준에 도달하도록 하나님이 우리를 변화시키신다는 말입니다.

어떠한 대가를 치르고서라도

하나님이 우리를 그곳까지 도달시키기 위해 우리에게 말로 할 수도 있고 우리를 때릴 수도 있고 그 외에 여러 가지 방법을 동원하실 수 있습니다. 자녀를 기르는 부모와 같습니다. 어떤 사람은 30대를 맞고, 또 어떤 사람은 300대를 맞고 그 지점에 도달하게 됩니다. 여기서 한 가지 의문이 제기되는데 자유의지가 한 사람의 운명을 바꿀 수 있는가 하는 점입니다. 어쨌든 하나님이 예정하신 목표 지점에 도달하게 될 것이라면 '예', '아니오'라고 하는 우리의 결정은 무슨 소용이 있으며 이것을 자유의지라고 할 수 있는가 하는 의문이 생깁니다.

자유의지란 결정권을 뜻하지 않습니다. 우리는 인간의 존재가치, 즉 인간의 인간됨을 논할 때 지, 정, 의로 나누어서 말합니다. 지, 정, 의, 세 요소 중에서 인간의 존재는 궁극적으로 어디에 위치한다고 생각합니까? '의지'에 나의 존재가 있습니다. 지와 정은 아직도 생각에 불과합니다. 생각하는 자체만으로는 '나'라고 할 수 없습니다. 의지야말로 내가 두 발을 내려놓는다는 뜻입니다. 존재의 현주소가 '의지'에 있다는 것은 바로 이런 뜻입니다. 동쪽으로도 가고 싶고 서쪽으로도 가고 싶을 때 동쪽으로 가야겠다고 결심하는 그 자체는 의지가 아닙니다. 결국 두 다리를 그곳에 옮겨 놓는 것이 의지입니다.

하나님은, 우리가 하나님이 원하지 않는 길로 갈 때 처음에는 말로 하시지만 결국 우리 앞에 가시덤불을 놓거나 불을 놓아서 우리로 돌아가게 하십니다. 그렇게 다른 길로 계속해서 걸어가게 하십니다. 그때 내가 나의 다리로 그 길을 걸어가는 것이 자유의지입니다. 사람은 자기가 원하는 길로만 가게 되지 않습니다.

사람이 자기 일을 결정할 수 있다고 생각하지 마십시오. 단지 자기 몸을 움직일 수 있을 뿐입니다. 사람이 선택하는 길은 옳은 길이 아닙니다. 편한 길일 뿐입니다. 우리가 예수를 믿은 후 믿지 않은 자들과 달라진 점이 있다면 우리 마음대로 하고 싶은 일을 못하도록 그 길이 막힌다는 사실입니다. 죄를 지을 수 있는 기회들이 막혀서 죄를 안 짓게 되는 것이지, 우리가 선해서 죄를 안 짓는 것이 아닙니다. 이것이 예정론입니다.

내 스스로 운명을 결정할 수 있다는 것은 자유의지에 관한 말이 아니라 하나님과 인간의 권위에 대한 문제로, 하나님과 내가 동등한 권위를 가질 수 있다는 교만한 자세입니다. 인간이 하나님과 동등한 위치에 서려고 하는 자세입니다. 성경은 이것을 죄라고 합니다. 이렇게 성경이 말하는 죄는 권위에 대한 도전입니다. 자유의지에 관한 부분에서도 사람들은 종종 하나님과 사람의 권위를 동등하게 놓고 이해하려고 합니다. 이것은 큰 오류입니다. 예정론을 이야기할 때마다 나오는 이 자유의지에 대하여 혼동하지 마십시오.

29절에 "하나님이 미리 아신 자들을 또한 그 아들의 형상을 본받게 하기 위하여 미리 정하셨으니 이는 그로 많은 형제 중에서 맏아들이 되게 하려 하심이니라"라고 기록되어 있습니다. '미리 안다'는 말을 예지, '미리 정했다'는 말을 예정이라고 합니다. 하나님이 우리를 계획하고 만드셨기 때문에 우리와 관계된 모든 것을 다 아시며 다 하실 수 있습니다. 하나님은 전지전능하시므로 '내가 이런 사람을 만들겠다'고 하시면 그러한 사람을 만들어내시고야 맙니다. 그렇다면 하나님은 예정한 사람들에 대하여 어떻게 일하십니까?

성경은 "또 미리 정하신 그들을 또한 부르시고 부르신 그들을

또한 의롭다 하시고 의롭다 하신 그들을 또한 영화롭게 하셨느
니라"(롬 8:30)라고 합니다. 이 말씀은 구원의 순서로서, 택한 자
를 부르시고 칭의하시고 성화하게 하시고 영화롭게 하시는 하나
님의 사역인 동시에 우리가 가야 하는 완성의 길을 말합니다. 하
나님이 우리를 영화의 자리에 이르도록 계획하시고 만들어 가십
니다.

이것이 인간이 만들어지는 과정입니다. 하나님이 최초의 인
간인 아담과 하와를 만드셨을 때 그들은 죄 없는 존재였습니다.
그런데 그들이 타락했습니다. 인간이 타락했기 때문에 예수 그
리스도를 보내셔서 그들을 회복시켜야 했던 것입니다.

이 대목이 예정론에서 가장 중요합니다. 하나님이 계획하신
목적지까지 가는 과정에서 인간이 치명적인 문제를 일으켰으나
하나님은 어떠한 대가를 치르고서라도 인간을 그 목적지까지 도
달시키시고야 맙니다. 즉 예수 그리스도를 십자가에 죽이시면서
까지 그 일을 이루십니다. 하나님의 '고집'이 이보다 더 잘 나타
난 대목은 없습니다. 이것이 바로 예정이 뜻하는 내용입니다.

하나님이 인간의 타락을 예정하셨습니까? 타락은 인간이 결
정한 것입니다. 인간이 타락을 결정할 수는 있지만 운명을 결정
할 수는 없다는 사실이 이 부분에서 잘 나타납니다. 인간이 갖는
자유의지는 타락할 수 있으나, 그것으로 끝나게 하지 않으시는
하나님의 계획이 결국에는 완성된다는 사실이 예정론에서 볼 수
있는 놀라운 점입니다. 우리가 계속해서 제2 타락, 제3 타락을 한
다고 할지라도 하나님은 우리를 당신이 목적하신 '운명'의 지점

까지 반드시 도달하게 하십니다. 이것이 성경이 말하는 예정론입니다.

예정론에 대하여, 우리의 운명이 하나님 앞에 있으니 우리는 아무것도 하지 않고 놀아도 좋을 것이라고 생각한다면 잘못입니다. 하나님이 우리를 어디까지 도달시키려고 계획하시며 어떻게 인도하시는지를 잘 살펴서 매를 대기 전에 말로 할 때 알아듣는 자가 복 있음을 알아야 합니다.

예정을 이루시는 방법

"또 미리 정하신 그들을 또한 부르시고 부르신 그들을 또한 의롭다 하시고 의롭다 하신 그들을 또한 영화롭게 하셨느니라"(롬 8:30). 이 말씀은 구원의 과정으로서, 신자가 가야 하는 길이며 인간이 만들어지는 과정이라고 했습니다. 또 이와 관련하여 예정은 우리 인생길이 하나님의 계획에 따라서 기계적으로 진행된다는 개념이 아니라, 하나님이 계획하시고 예정하신 한 인간에게 직접 찾아오셔서 그의 생애 동안 그와 더불어 씨름하신다는 의미라고 했습니다.

하나님이 인간을 만드실 때 손으로 진흙을 빚어서 만든 후 코에 생기를 불어 넣으셨다고 창세기에 기록되어 있습니다. 이것이 하나님이 손수 만드신 외형적 부분이라면 내면적으로 완성해야 할 부분이 남아 있습니다. 하나님은 우리가 그 내면적 부분에서 높은 수준과 경지에 이르기를 원하십니다. 율법에 나타난 바 가장 높은 경지는 하나님을 사랑하는 것입니다. 하나님이 우리를 사랑하시고 또한 우리의 사랑을 요구하심은 하나님이 우리를 동등한 입장으로 대우하신다는 의미입니다. 즉 권위적인 차원에서는 동등할 수 없으나 교제의 차원에서는 하나님이 우리를 동등하게 대해 주십니다. 왜냐하면 사랑은 동등한 입장에서 자발적으로 우러나오는 마음이어야 하기 때문입니다. 따라서 '사랑'이라는 말은 참으로 깊은 뜻을 지닌 말입니다.

이해를 돕기 위하여 질문해 보겠습니다. 사랑의 반대말이 무엇이라고 생각합니까? 어떤 분은 증오라고 답합니다. 이는 14세 미만일 때 하는 대답입니다. 어떤 분은 사랑의 반대말이 무관심이라고 합니다. 이는 40세까지 나오는 대답이라고 생각합니다. 사랑의 가장 큰 반대말은 동정이라고 생각합니다. 동정은 무관심보다 훨씬 더 끔찍합니다. 목숨 걸고 사랑하는데, 상대가 '저렇게까지 쫓아오는데 안 봐줄 수도 없고' 하고 동정으로 대한다면 그 사랑은 곧 불쾌함으로 바뀝니다. 사랑에 대하여 동정으로 답하는 것만큼 기분 나쁜 일은 없을 것입니다. 동정은 사랑에 대한 모욕입니다.

하나님이 우리를 사랑한다고 할 때에도 이러한 개념이 적용됩니다. 즉 하나님은 우리를 강제로 눌러서 무릎 꿇게 하지 않으시고, 우리가 하나님과 동등한 입장에서 자발적으로 하나님에게 항복하는 그런 사랑을 받아 내시겠다고 합니다. 예를 들어 봅시다. A라는 여자와 B라는 남자가 연애를 하고 있는데 C라는 남자가 나타나 삼각관계가 이루어졌습니다. 이때 B의 입장에서 C라는 연적이 나타나지 않았으면 좋았을 것이라고 이야기하는 사람은 참으로 약한 사람입니다. 혼자 뛰어서 일등 하는 마라톤에 나가는 것과 마찬가지입니다. '얼마든지 올 테면 오라'는 자세로 C와 동등한 입장에서 여자의 선택을 받아 내야 값진 것입니다. 이것이 성경이 말하는 사랑의 깊은 의미입니다.

따라서 하나님은 우리가 멸망할 자리까지는 도달하지 않도록 우리 삶에 개입하여 우리를 강제로 막으시지만, 대부분의 경우에는 우리 앞에 죄를 따르는 경우와 하나님을 따르는 경우를 동등하게 놓고 선택하게 하십니다. 신자와 불신자가 다른 점이 있다면, 신자가 불신자보다 죄를 덜 짓는 것이 아니라 지은 죄의 결과를 알아서 그 죄에서 돌이킬 시간이 있다는 점입니다. 신자에게는 죄에서 돌이켜 하나님에게로 갈 수 있는 기회가 주어집니다. 불신자는 동일한 죄를 범해도 돌이킬 기회가 없어 죽은 후에야 그 결과를 알게 되어 지옥에 갑니다. 죽은 다음에 알게 되니 돌이킬 틈이 없습니다.

지은 죄의 결과를 알고 회개할 수 있는 기회가 주어지는 것은 신자에게 커다란 복입니다. 하나님이 우리를 죄로부터 차단하지 않으신 채로 우리의 자발적인 항복, 즉 마음으로부터의 하나님에 대한 사랑을 받아 내시려는 것입니다. 하나님은 우리가 죄지을 기회가 없어서가 아니라, 하나님을 너무 사랑하여 하나님 편에 서기를 원해서 죄를 멀리하기를 바라십니다. 우리로 하나님을 이렇게 사랑을 하라고 요구하십니다. 이것은 하나님이 우리를 사랑하시기 때문에 우리를 동정하지 않으시려는 것입니다.

하나님은 우리를 사랑하십니다. 이 이유 때문에 하나님은 우리 인생 속으로 찾아오셨습니다. 우리가 태어나기 전이나 죽은 다음이 아니라 현존하는 현실 순간 속에 찾아오셔서 우리로 결단하고 돌이킬 시간을 마련해 주셨습니다. 나의 사랑을 받아 내시고 나를 항복시키시기 위해 나를 출생시키시고 사망하게 하시기까지 인생이라는 시간을 두셔서 그 시간 동안에 우리에게 이루실 일을 하십니다. 우리를 부르시고 칭의하시고 성화의 과정을 거쳐 영화에 이르게 하십니다. 하나님은 우리 귀에 대고 말씀하시고 수없이 당신의 종들을 보내시고 말씀을 듣고 보게 하시고 마음에 감동을 주시면서 우리를 부르십니다.

예수께서 '아버지께서 이제까지 일하시니 나도 일한다'(요 5:17)라고 말씀하셨듯이 하나님이 지금도 일하고 계시기 때문에, 우리가 지금 이 자리에 한 형제로 있는 것입니다. 우리를 일일이 부르시고 의롭게 만드시고 성화하게 하시고 영화의 자리에 이르게 하시기까지 하나님은 한 사람 한 사람에게 개입하여 오래 참으며 일하십니다.

하나님이 계획하셨고 목표를 설정하셨으므로 각각의 인생을 일일이 인도하셔서 목표 지점에 도달하게 하십니다. 하나님이 이 같은 섬세한 사랑과 큰 열심으로 우리를 목적지에 도달하게 하시기까지 우리 인생을 배후에서 붙잡고 인도하십니다. 이 일이 하나님이 예정을 이루어 가시는 방법입니다.

"그러므로 형제들아 우리가 빚진 자로되 육신에게 져서 육신대로 살 것이 아니니라 너희가 육신대로 살면 반드시 죽을 것이로되 영으로써 몸의 행실을 죽이면 살리니 무릇 하나님의 영으로 인도함을 받는 사람은 곧 하나님의 아들이라"(롬 8:12-14).

이 말씀에서 '죽는다', '산다'는 말은 '멸망받는다', '구원 얻는다'라는 의미가 아닙니다. '그러므로 이제 그리스도 예수 안에 있는 자에게는 …'라는 말씀처럼 이미 구원 얻은 자들에 관한 이야기입니다. 그러면 '육신대로 살면 죽는다'는 말은 무슨 뜻일까요? 성경이 '육신'이나 '세상'이라고 말할 때는 죄의 원리를 뜻합니다. 그리고 여기서 '죽는다'는 말은 하나님이 싫어하는 열매를 맺으면서 하나님 뜻에 어긋난 생활을 하는 것을 의미합니다.

그러므로 이 말씀은 죄의 원리대로 살지 말고 하나님의 뜻을 좇아 하나님이 좋아하시는 일들로 방향을 잡고 생활하라는 뜻입니다. 이 요구는 이렇게 살아야 신분이 결정된다는 말이 아니라 구원 얻은 자의 고귀한 신분을 이미 가졌으므로 그 신분에 맞는 수준이 되라는 말입니다. 우리는 그렇게 살아야 하는 사람이 되었다는 것입니다.

또한 이 일은 이루어질 수밖에 없습니다. 로마서 8장 33절에 '누가 능히 하나님께서 택하신 자들을 고발하리요'라는 말이 나옵니다. 이 말이 왜 나옵니까? 신자들이 고발당할 죄를 많이 저지르기 때문입니다. 그래서 '예수 믿는 사람이 뭐 저래' 하는 말을 듣습니다. 우리는 다른 사람의 범죄를 보고 비난하거나 당황해서는 안 될 뿐 아니라 또한 내 자신의 범죄로 인해서도 자학하거나 좌절해서는 안 됩니다. 아담과 하와의 범죄로 인하여 우리가 죽을 자리에 떨어져 있었을 때에도 하나님이 예수 그리스도의 희생으로 우리 죄의 대가를 치르셔서 우리를 목적지에 도달시키신 열심이 있기 때문입니다. 이제 우리는 그 큰 대가를 치를 일이 없게 되었습니다.

그래서 이 말씀이 나옵니다. "누가 정죄하리요 죽으실 뿐 아니라 다시 살아나신 이는 그리스도 예수시니 그는 하나님 우편에 계신 자요 우리를 위하여 간구하시는 자시니라 누가 우리를 그리스도의 사랑에서 끊으리요 환난이나 곤고나 박해나 기근이나 적신이나 위험이나 칼이랴 기록된 바 우리가 종일 주를 위하여 죽임을 당하게 되며 도살 당할 양 같이 여김을 받았나이다 함과 같으니라 그러나 이 모든 일에 우리를 사랑하시는 이로 말미암아 우리가 넉넉히 이기느니라 내가 확신하노니 사망이나 생명이나 천사들이나 권세자들이나 현재 일이나 장래 일이나 능력이나 높음이나 깊음이나 다른 어떤 피조물이라도 우리를 우리 주 그리스도 예수 안에 있는 하나님의 사랑에서 끊을 수 없으리라"
(롬 8:34-39).

외부에서 오는 환난이나 내부에서 일어나는 어떠한 갈등으로도 나와 하나님의 사이를 무너뜨릴 수 없다는 말입니다. 예수를 믿고 난 후 반드시 기억해야 할 것이 있다면 교만해서는 안 된다는 것입니다. 우리가 스스로 구원을 이룬 것이 아니므로 교만할 수 없습니다. 또한 절망할 수도 없습니다. 우리가 지은 죄의 무게 그 이상으로 하나님이 우리를 사랑하시는데, 우리가 그렇지 않다고 우기는 것은 잘못이며 교만의 또 다른 모습입니다. 그래서 로마서는 이에 대해 중요한 결론을 제시합니다.

"그러므로 형제들아 내가 하나님의 모든 자비하심으로 너희를 권하노니 너희 몸을 하나님이 기뻐하시는 거룩한 산 제물로 드리라 이는 너희가 드릴 영적 예배니라 너희는 이 세대를 본받지 말고 오직 마음을 새롭게 함으로 변화를 받아 하나님의 선하시고 기뻐하시고 온전하신 뜻이 무엇인지 분별하도록 하라"(롬 12:1-2).

이 말씀은 우리 삶에 대한 실제적인 요구 사항입니다. 즉 하나님이 아무런 조건이나 자격이 없는 우리를 자비와 열심으로 자녀 삼으시고 이 자리까지 오게 하신 사실을 기억하여, 하나님이 기뻐하시는 제물이 되는 삶을 살라는 요구입니다. 제물이란, 그것으로 말미암아 다른 사람에게 이익을 주는 것입니다. 제물이 되어서 다른 사람에게 유익을 끼치는 생애가 신자에게 요구되는 삶입니다. 예수 그리스도 한 분이 고통당하고 죽으심으로 온 인류가 기쁨과 생명을 얻은 것같이 신자는 제물이 되어 많은 사람에게 유익을 주도록 부름받았습니다. 이것이 제사장의 역할입니다.

성경은 신자를 '왕 같은 제사장'(벧전 2:9)이라고 합니다. 모든 권위와 권세와 신분을 소유했으나 자신을 희생하여 이웃들을 하나님 앞으로 인도해야 할 임무를 지닌 사람들입니다. 하나님 안에 들어오지 않은 자들이 기독교의 기독교 됨을 어떻게 알 수 있습니까? 논리성이나 진리의 진리 됨을 보고 아는 것이 아닙니다. 그들은 같은 생활 영역에 살면서도 자신들과는 다른 모습으로 살아가는 신자들을 보고 복음이 갖는 엄청난 비밀에 대하여 호기심을 갖고 도전을 받게 됩니다. 그러므로 신자들은 그들에게 '내 욕심을 위해 살지 않는다', '희생하면서 산다', '지면서 산다', '당하면서 산다'와 같은 생활 모습을 보여 주어야 합니다.

물론 이런 생활은 상식이나 법으로 따지면 말도 안 됩니다. 그러나 우리는 상식과 법의 기준에 의해 사는 사람이 아니라 성경의 요구에 응하여 살아야 하는 사람들입니다. "너희 안에 이 마음을 품으라 곧 그리스도 예수의 마음이니 그는 근본 하나님의 본체시나 하나님과 동등됨을 취할 것으로 여기지 아니하시고 오히려 자기를 비워 종의 형체를 가지사 사람들과 같이 되셨고 사람의 모양으로 나타나사 자기를 낮추시고 죽기까지 복종하셨으니 곧 십자가에 죽으심이라"(빌 2:5-8). 지구상에서 가장 처절하고 경멸스러운 죽음인 십자가의 죽음을 겪으신 예수님의 모습을 따라가도록 요구받습니다. 또한 '네가 만일 하나님의 아들이어든 내려와 봐라'라고 조롱하는 자들에 대하여 '아버지여, 저들을 사하여 주옵소서. 저들은 자기가 하는 일을 알지 못하나이다'라고 답하신 예수님의 자세를 삶의 목표로 갖기를 요구받습니다.

실제로 그렇게 사는 일은 힘들지만 그렇게 살도록 요청받았다는 사실을 늘 기억해야 합니다. 신자는 복 받기 위해 부름받지 않았습니다. 이미 복을 받은 자들입니다. 신자란 줄 것이 있는 자들이기 때문입니다. 신자는 진리를 증거할 수 있으며 다른 사람을 이롭게 할 수 있는 자리에 있기 때문입니다.

우리는 어떻게 살고 있습니까? 혹시 나의 이익을 위해 예수님을 믿고 있지는 않습니까? 혹은 교회라는 이름으로 모여 자기들 끼리 위로하면서 그것으로 만족하며 살고 있지는 않습니까? 하나님을 아버지라 부르며 예수 그리스도를 주라 부르는 자는 그분이 하라는 대로 하겠다고 선언하는 자입니다. 이것이 예수를 믿는 것입니다. 우리는 이제까지 로마서의 주된 내용을 배웠습니다. 결론이 무엇입니까? '알았다'로 그쳐서는 안 됩니다. '그렇게 살겠다' 하는 도전이 우리의 마음을 심각하고 무겁게 붙잡아야 합니다. 이 결심이 있어야 합니다. 말씀이 가르치고 명하는 대로 다 실행하지 못하고 순종하지 못해도 늘 기억하십시오. 그것이 우리가 가야 하는 목표 지점이며 하나님이 원하시는 뜻입니다.